WAC BUNKO

脱藩大名・林忠崇《ただたか》の戊辰戦争

徳川のために決起した男

彦

WAC

はじめに

「脱藩」ということばから、みなさんはどのような行動を想起するだろうか。

『日本国語大辞典』の「だっぱん【脱藩】」の項には、

「江戸時代、武士が藩籍を捨てて浪人となること。また、その人」

とあり、筆者もこの記述に疑義をさしはさむものではない。

しかし江戸時代の史料を読んでいると、「主家をしくじる」という表現にぶつかることもある。これはなにか不始末を仕出かした者が馘首《かくしゅ》されることを意味し、脱藩とはまったくニュアンスが違う。

脱藩とは、ある藩の藩士がみずからの意志によって藩籍を捨てることだから、「主家をしくじる」よりはるかに積極的、能動的な行為といえる。

それにしても侍たちは、一体いかなる場合に脱藩に踏み切ったのか。

一昔前の時代劇映画には、以下のようなストーリーがよくあった。

道ならぬ恋に陥った男女が、人知れず城下町から逃亡して生活をともにする。あるいは喧嘩のあげく同僚を斬り殺してしまった者が、その同僚の遺族たちから仇討されることを怖れて藩外へ逐電する、……。

このように藩法を犯したがため脱藩という手段を選ばざるを得なかった侍たちも、事実として少なくはなかったであろう。

だが、太平の世が去って幕末の動乱期が近づくにつれ、脱藩という行動は右のようなケースよりもより強く自己を主張するための方途とみなされるようになったのではあるまいか。

こころみに水戸脱藩関鉄之介、薩摩脱藩有村次左衛門《じざえもん》、土佐脱藩坂本龍馬、白河脱藩沖田総司《そうじ》と、時代小説や歴史読物にもよく顔を出す男たちの脱藩理由を眺めてみよう。

関鉄之介や有村次左衛門は、安政七年（一八六〇、三月十八日万延改元）三月三日、桜田門外において大老井伊直弼《なおすけ》を討ち取った尊王攘夷派の志士として知られる。かれらがあらかじめ脱藩してから桜田門外の変を起こしたのは、自分たちが大老を襲撃したあと藩に迷惑がかからないように、と考えてのことであった。

また坂本龍馬の脱藩は、土佐藩内部の因循姑息な雰囲気に飽き足りなかったため。のち新選組結成に加わる沖田総司の場合は、生涯をかけて剣理を究めるための脱藩であったと要約できよう。

思想や人生観はそれぞれ違っていても、右の四人に共通するのは、藩の枠に縛られていては自分の志を果たせない、と考えた点にある。

藩の枠に縛られていては自分の志を果たせない——こういえば、脱藩に踏み切った者が諸藩の上士、中士よりも、むしろこれらの人々に頭を押さえられていた下級武士階級に多かった理由もほぼおわかりいただけよう。

ただし、脱藩者イコール下級武士とア・プリオリに思いこんでしまうのも正しくない。まことに異例なことながら、幕末に脱藩を決行した武士のうちには正真正銘の大名も混じっていた。

その脱藩大名が、本書の主人公林昌之助《しょうのすけ》忠崇《ただたか》。林忠崇はわずか一万石の大名とはいえ、れっきとした譜代藩の当主であった。

しかもその脱藩は、単身いずこともなく姿を消す、といった忍びやかなものではまったくなかった。家老以下おもだった家来たちと連れ立ち、領民たちに見送られて陣屋を立ち去る、という威風堂々たるものであった。

一体なぜ林忠崇は、藩主みずから脱藩するという破天荒な行動に出たのか。忠崇はその後なにをし、どのような人生を歩んだのか。その藩は、藩主がいなくなってしまったあとどうなったのか。

本書ではこの「はじめに」を読んで下さったみなさんが感じるかも知れない右のような疑問にわかりやすく答えることを心掛けながら、数奇な人生を選択したひとりの大名の足跡をたどってみたい。

林家家紋「丸の内三頭《みつがしら》 左巴《ひだりどもえ》に下一文字《したいちもんじ》」

脱藩大名・林忠崇の戊辰戦争

徳川のために決起した男

目次

挿画／林忠崇自筆（林勲編『おもひ出くさ』より）
装幀／須川貴弘（WAC装幀室）

第一章

鳥羽伏見戦争に間に合わず

林家の系譜

江戸時代に存在した藩の数は、一口に「徳川三百藩」といわれることが多い。しかし徳川十五代将軍慶喜《よしのぶ》が大政奉還をおこなった慶応三年（一八六七）十月十四日の時点において、実際にあった藩の数は二百七十である。

むろんこれは、徳川幕府の草創期から幕末まで、おなじ二百七十の大名家が存続していたという意味ではない。徳川家康によって立藩を許されたのに、その後当主の不品行や急死によって取りつぶされた大名家は少なくなかった。また、ある時点までは万石未満の家格だったのに、万石以上に加増されて大名に列した家筋もある。

林忠崇を生んだ譜代大名の林家も、江戸時代のある時期になってから立藩を許された家系であった。その祖については後述するが、家康の八代の祖、松平親氏《ちかうじ》の代にはすでに同家に仕えていた家筋というから、古い家柄であることは間違いない。

『新訂寛政重修諸家譜』第四、巻第二百十四によれば、この林家は家康に小姓として仕えた忠政《ただまさ》の代に三百石、五代将軍綱吉の治世に長崎奉行と江戸町奉行とを歴任した忠和《ただかず》の代以降は三千石を受け、忠勝《ただかつ》―忠篤《ただあつ》―忠英《ただふさ》とつづいていった。

大名に列したのは、忠英の代のこと。そのあまりにもとんとん拍子だった出世のプロセスを、忠英の次代忠旭《ただあきら》の書いた「林氏系譜」から拾ってみよう。

文化十年（一八一三）十二月二十四日、千石加増。

文政五年（一八二二）三月二十八日、三千石加増。

文政八年（一八二五）四月二十三日、一万石高に加増。

右の「一万石高」とは、この日それまでの七千石に三千石が加えられ、合計一万石になったという意味。これによって林忠英は、知行地の上総国望陀郡貝淵《かずさのくにもうだごおりかいふち》（千葉県木更津市）に貝淵藩一万石を立藩することになった。

さらに「林氏系譜」には、つぎのような記述がつづく。

天保五年（一八三四）十二月二十三日、三千石加増。

天保十年（一八三九）三月十八日、五千石加増。

なんと忠英は、一代にして禄高三千石の旗本から一万八千石の大名へと駆け昇ったのである。これは勝手気ままな政治をおこなった十一代将軍家斉《いえなり》（天保八年四月から大御所）が、忠英を異様なほど可愛がったためにほかならない。家斉の小姓からスタートした忠英は、その間に小姓組番頭《ばんがしら》格御用取次見習《とりつぎみならい》、御側《おそば》御用取次、若年寄などを歴任、家斉の寵臣のひとりとして権勢を振るいつづけた。

だが、天保十二年閏《うるう》一月三十日に家斉が死亡すると、老中水野忠邦は綱紀粛正のため、その寵臣たちを次々に追放していった。同年四月十七日、忠英もお役御免となった上、八千石を没収されて一万石ちょうどの身代《しんだい》に落とされてしまう。

その忠英に水野忠邦が追い討ちをかけるように隠居を命じたため、貝淵藩一万石は忠旭の相続するところとなった。そして、この忠旭が陣屋を貝淵とはおなじ郡内の請西村間舟台《じょうざいまふねだい》に移したことにより、貝淵藩は地上から消滅し、あらたに請西藩が成立したのである。

上総請西藩一万石——これこそが脱藩大名を生む藩の名称なのだが、早く本論に入るためこの辺は簡略に書いてゆく。嘉永七年（一八五四、十一月二十七日安政改元）四月に忠旭が隠居したあとは、弟の忠交《ただかた》が第二代藩主に立てられた。従五位下《じゅごいげ》、肥後守《ひごのかみ》に叙任された忠交は、大番頭《おおばんがしら》、伏見奉行を歴任したから単なる凡人ではなかったようだ。

しかし、忠交は短命であった。かれは伏見奉行在任中の慶応三年（一八六七）六月、数え三十五歳にして急死してしまったのである。

そこで、急ぎ請西藩第三代藩主として擁立されたのが、忠旭の五男の林忠崇。当時まだ無位無官であったため昌之助《しょうのすけ》という通称で呼ばれていた忠崇は、嘉永元年七月二十八日生まれだからまだ数え二十歳の若さであった。

その父忠旭は狩野晴川《かのうせいせん》に師事して狩野派の画法を学び、好んで鷹の絵を描いた。忠崇もまた狩野董川《とうせん》に入門し、出藍《しゅつらん》の誉れが高かった。

あえて今は史料名を出すのを控えるが、のちに忠崇自身が執筆した回想録の中で、その青春時代は次のように描かれている。

江戸浜町の本邸ニ生れ、実父忠旭の膝下《しっか》ニ在《あ》りて鑓(槍)剣は伊《い》能《のう》一雲斎《いちうんさい》の男伊能矢柄《やがら》ニ学び、馬術は西丸下に通学し、弓ハ旧幕旗下(本)坂本氏ニ、文学(朱子学＝筆者注)等は同《おなじく》 旗下(本)専門家を招き、受教(当時の習慣として通学ハ不許《ゆるさず》＝原注)。又、洋式砲術等も同様にて、藩士と共ニ学《まなび》しのみ。(句読点と濁点筆者)

剣術の練習風景

伊能一雲斎といえば、一時代前に宝蔵院流槍術の達人としてよく知られていた人物。この一雲斎とともに請西藩から禄を受けていた息子の矢柄も、刀槍二芸に長じていた。いずれ改めて触れるが、忠崇は鎖鎌《くさりがま》術を修めていた節もあり、和歌は得意中の得意であった。殿様芸という表現を思い出しはするものの、まず忠崇は文武両道の士であったと考えて大過ない。

そのためかどうか、二十歳にして菊の間縁頬《えんぽお》詰めの譜代の小大名のひとりとして江戸城に登城するようになった忠崇は、三度にわたって若年寄をつとめた敦賀《つるが》藩老公酒井忠毗《ただます》からも、将来閣老たり得る器である、と高く評価されていたともいう。

では忠崇の脱藩理由を探る前に、ここで、かれが請西藩一万石を相続する前後の時代状況を頭に入れておこう。

大政奉還の波及

まず慶応二年（一八六六）から見てゆくと、一月二十一日には尊王攘夷派の急先鋒長州藩とそれまで公武合体派として幕府寄りの立場を取ってきた薩摩藩との間に、薩長同盟が成立。いよいよ西南の雄藩を中心に、討幕の気運が盛りあがってきた。

さらに六月、元治《げんじ》元年（一八六四）七月に禁門の変（蛤御門《はまぐりごもん》の変）を起こして敗走した長州藩を討つべく幕府と公武合体派諸藩とが第二次長州追討戦を開始したが、戦意に欠ける追討軍は各地で長州軍に敗れ去った。

これを見た徳川十四代将軍家茂《いえもち》は、七月二十日、失意のうちに大坂城中で病死。孝明天皇も十二月二十五日に急死してしまったため、「公」（朝廷）と「武」（徳川家）とが一致団結して国難を乗り切ろうという公武合体論は、急速に時代遅れとなっていった。

家茂の逝去を受けて十五代将軍職に指名されたのが一橋慶喜改め徳川慶喜であったが、あけて慶応三年になると、討幕運動と並行して大政奉還建白書運動も盛んになってくる。

これは武力に訴えることなく、徳川家から自発的に朝廷へ政権を返還するよう勧めようという穏健な動きで、同年十月十四日、慶喜がこのような土佐藩の意見を入れ、朝廷に対して大政奉還の上表を提出したことはよく知られている。林忠崇からすれば、晴れて請西藩主となってからわずか四ヵ月目に、未曾有の大変革を間近に見る羽目になったわけである。

朝廷が、慶喜の政権奉還を認めたのは翌十五日のこと。正式に将軍職を廃止するのは十二月九日を待たねばならないが、十月十五日以降の朝廷の動きは素速かった。すなわち同日中に十万石以上の諸大名に上京を促した朝廷は、十月二十一日には一万石以上の諸大名も京へ召集することにしたのである（『復古記』第一冊）。

要するに二百七十藩のすべての藩主に呼び出しを掛けたわけで、これは新体制作りを急ぐと同時に、幕藩体制に馴染み切っていた大名たちが朝廷に対してどの程度忠誠心を示すかを計る手段でもあった。

しかも上京時期は「十一月を期して」(同)、つまり十一月いっぱいとされていた。これによって二百七十の大名家は、徳川家と存亡をともにするか、朝廷という名の新たな主家を選ぶのか、という二者択一を締切つきで迫られる形になった。

結果からいえば、この召命にすんなりと応じた大名たちは少なくなかった。しかし、徳川家を見限ることを潔しとしない者たちも確乎として存在した。

後者のグループのうち、まず動きを見せたのは江戸城溜《たまり》の間詰め格として、老中かそれに準ずる待遇を受けていた譜代大名たちであった。庄内藩主酒井忠篤《ただすみ》、姫路藩主酒井忠惇《ただとし》(老中)、忍《おし》藩主松平忠誠《ただざね》、三河吉田藩主大河内信古《のぶひさ》、浜松藩主井上正直《まさなお》(元老中)、岡崎藩主本多忠民《ただもと》(同)の計六人。

かれらは上京期限の迫りつつある十一月十五日、

「官位ヲ朝廷ニ還《かえ》シ、以《もっ》テ徳川氏臣属ノ義ヲ明《あきらか》ニセン」(同)

との連署の書状を江戸城留守居の三人の老中へ差し出したのである。

三人の老中とは、淀藩主稲葉正邦、川越藩主松平康英《やすひで》、唐津藩主世子《せいし》小笠原長行《ながみち》。むろんこの三人も、譜代大名という点では右の六人と共通していた。

以下、この書状の文面を詳しく見てゆくが、『復古記』収録の武家文書の多くは漢字片仮名混じりの候文で読みにくいので、表記を改め、ところどころに注を入れながら紹介しよう。

> 御譜代の家筋の儀は、井伊家をはじめ万石以上は大名と唱え来たり候えども、万石以下（の）御家来に替《（変）》わりこれなく、御家（徳川家の）御盛衰にしたがい、その唱え（の）替《（変）》わり候までに候えば、このたび（朝廷の）仰せ出され候趣については、いずれも大名の字を退《しりぞ（け）》き（廃し）、御家人《ごけにん》同様に相心得、官位返上つかまつるべく、万石以下（の旗本御家人たちの）官位も同様にこれある趣、朝廷へ仰せ立てられ候ようつかまつりたく候事。

譜代大名たる者の知行はすべて徳川家から与えられたものであって、朝廷から受けているのは官位だけに過ぎない。だからその官位を返上し、かつ大名という名称自体を廃語にしてしまえば、十万石以上の大名、一万石以上の大名と二度にわたって出された召命のいずれにもしたがう必要はない、という論理である。

これはまた討幕思想に対する佐幕の主張、すなわち江戸幕府が過去のものとなったとしても自分たちは徳川家の家臣として主家と存亡をともにする、という思考法でもある。

このような佐幕の思いは、単に溜の間詰め格の大名たちだけのものではなかった。林忠崇をふくむ菊の間縁頬詰めの譜代の小大名たちは、おなじ十一月十五日のうちに、より強く佐幕の心情を打ち出した文書を作成していた。

そもそも（徳川慶喜が）このほど御復政（大政奉還を）仰せ立たせられ候儀は、高明正大の御実情より出せられ候御英断にて、感泣に堪えざる御儀《おんぎ》に存じたてまつり候。元来当席（菊の間縁頬詰めの家格）の儀は、御代々様（徳川歴代将軍）より格別の御愛遇をこうむり、祖先より土地人民を（略）数百年子々孫々安穏《あんのん》に相続つかまつり候段、その恩沢《おんたく》の広大、実に骨髄に通徹まかりあり、寸刻も忘却つかまつらず。かかる御場合に相成り候上は、なおさらもって報恩尽忠、進退存亡、台命《たいめい》（将軍の命令）にしたがうのほか他念御座なく候。しかるところ、今日に至り禁闕《きんけつ》（朝廷）にまかり出候儀は、第一非分僭上《せんじょう》の儀に相成り、御当家（徳川家）に対し君臣の大義相立ち申さず候間、朝命を奉じざる次第に相聞こえ、不敬の罪のがれがたく恐れ入りたてまつり候えども、（略）なにとぞ微々の赤心奮発のほど、お汲み分け成し下されて（略）、この段幾重にも伏して願いたてまつり候、以上。（同）

やや回りくどい表現ながら、その意味はあからさまにいえばこうである。

「われわれが今日あるのはすべて徳川家のおかげであり、政権が朝廷へ返されたのもひとえに将軍の英断によるものではないか。われわれは今後も徳川家を君主と仰ぎ、その家臣として進退をともにするから、朝命を奉じて上京する気はない」

佐幕派の青年大名

忠崇は、右の文書を前述の回想録に全文を引き写している。この点から見ても、忠崇が菊の間縁頬詰めのほかの大名たちと足並をそろえて行動していたことは充分に察しがつく。

しかも、忠崇はただの佐幕派ではなかった。どちらかといえば、かなり急進的な佐幕派であった。

以下、このポイントを押さえるためにひとつのエピソードを紹介しよう。

朝廷が王政復古の大号令を渙発《かんぱつ》したのは慶応三年十二月九日のことだから、大名たちの上京期限が過ぎてから九日目という計算になる。その大変革の内容が江戸城留守居の老中たちから江戸残留の忠崇らに伝えられたのは、十八日になってからのこと。

すると忠崇は、翌十九日、老中たちに対して一通の書状を差し出した。これも忠崇の回想録に記載されているその文面は、以下のごとし。

昨日お達し御座候お書きつけの趣、とくと拝見つかまつり候ところ、実に恐れ入りたてまつり候御次第、感泣に堪えず。ついては従来の御恩沢（に）報いたてまつり候も今日の儀と存じたてまつり候。これにより、及ばずながら一命を抛《なげう》ち、粉骨砕身つかまつり候ほか御座なく候。この段、心体《しんてい》（本心）につき申し上げたてまつり候、以上。

戊辰《ぼしん》戦争勃発前夜、佐幕派諸藩の士、あるいは旗本御家人たちが合言葉のように口にしたのは、たとえば柳生村史編集委員会『村史　柳生のさと』に見える、

「忘恩の王臣たらんより全義の陪臣たらん」

ということばであった。

召命に応じて上京した大名たちは忘恩の徒、それを拒否して江戸に残留する者たちこそ義を重んじる徳川家臣（朝廷から見れば陪臣）、という感覚である。

ここで種明かしをしておくならば、林忠崇の回想録の正式な題名は「一夢林翁《いちむはやしおう》戊辰出陣記」という。「一夢」とは忠崇晩年の雅号のこと。かれは「忘恩の王臣たらんより全義の陪臣たらん」ということばを一歩進め、「一命を抛ち、粉骨砕身つかまつり候」と、新政府ないしその兵力の基盤をなす薩長勢との武力対決を逸早く決意したのである。

さらに十二月九日夜、御所内でひらかれた小御所《こごしょ》会議の結果、新政府が慶喜に辞官納地——官位辞退と土地人民の還納——を命じたこと。おなじく十三日、慶喜が二条城から大坂城へ兵を引いたことなども、老中稲葉正邦は二十三日のうちに江戸残留の大名たちに伝えた。そして、諸藩それぞれの都合はあろうがとりあえず大坂に出張せよ、と火に油を注ぐようなことを命じたから忠崇はもう止まらない。

二十七日、忠崇が稲葉正邦に差し出した願書にいう。

少人数には御座候えども、私召しつれ、速《すみや》かに上阪《ママ》、及ばずながら微忠を尽くしたく存じたてまつり候。この段、願いたてまつり候、以上。（「一夢林翁戊辰出陣記」）

周知のように、大坂城を本拠とした旧幕府勢と京に入った新政府軍との間に鳥羽伏見戦争が勃発するのは、あけて慶応四年（九月八日明治改元）一月三日のこと。その開戦前夜、忠崇は請西藩士隊を率いて旧幕府勢のいる大坂へ加勢に走ろうとしたのであった。

この願書に稲葉正邦がどう答えたかは、残念ながらわからない。しかし、藩主松平容保《かたもり》（前京都守護職）が慶喜とともに大坂城へ引いたと知らされた会津藩江戸詰めの者たちその他には、激昂して上坂した者も少なくなかった。このような動きはもはや江戸城留守居の老中たちにも止められないものになっていたと見るべきだから、この時点で忠崇は、さながら野に放たれた一頭のサラブレッドに似た存在と化した。

では、忠崇はすんなりと大坂城の旧幕府勢に合流できたのか、というと幸か不幸かそうはゆかなかった。忠崇自身は明記していないが、その原因はいくさ準備と、品川沖から大坂湾へ請西藩士を運ぶべき渡海船《とかいぶね》の調達とにあまりに手間取ったことにあったらしい。

大名家の江戸屋敷は、政庁でもある上屋敷《かみ》のほかに中屋敷《なか》、下屋敷《しも》などの別がある。請西藩は日本橋蠣殻町《かきがら》に江戸上屋敷を、本所菊川町に下屋敷を持っていたが、上屋敷は慶応元年ころ九段坂に移されていた。そして忠崇は、慶応四年一月六日夜、慶喜が大坂城を脱出したことによって鳥羽伏見戦争が旧幕府勢の一方的敗北と決まったあとも、そうとは夢にも知らずまだ九段坂の上屋敷でいくさ準備をつづけていた。

そのあまりに遅かった出陣の模様は、以下のごとし（漢字片仮名混じり文を漢字平仮名文、新仮名遣いとし、送り仮名を改める）。

慶応四年戊辰正月九日辰の半刻（午前九時）、兵士一小隊、大砲一門を率いて九段坂の邸を出発し、皷（鼓）声兵を励まし日本橋なる利倉屋某《なにがし》の宅に到り、暫時《ざんじ》兵を憩い、ここより数艘の小舟に乗り組み、品海《ひんかい》（品川沖）に繫《つな》ぎたる神妙丸と云える大船まで到りしに、風烈《はげ》しく小船に浪を打ち入れ、辛うじて薄暮にいたり元船《もとぶね》（神妙丸）へ乗り込めり。（「一夢林翁戊辰出陣記」）

慶応四年一月九日といえば、すでに慶喜は旧幕府海軍旗艦開陽丸に乗って江戸へ航海中である（江戸城入りは十二日）。大坂城中に残された旧幕府兵、会津・桑名の両藩を主力とする佐幕派兵力も四方に離散していたというのに、忠崇は神妙丸に乗って海路大坂をめざすべく、江戸湾に漕ぎ出した小舟の上で悪戦苦闘していたのであった。

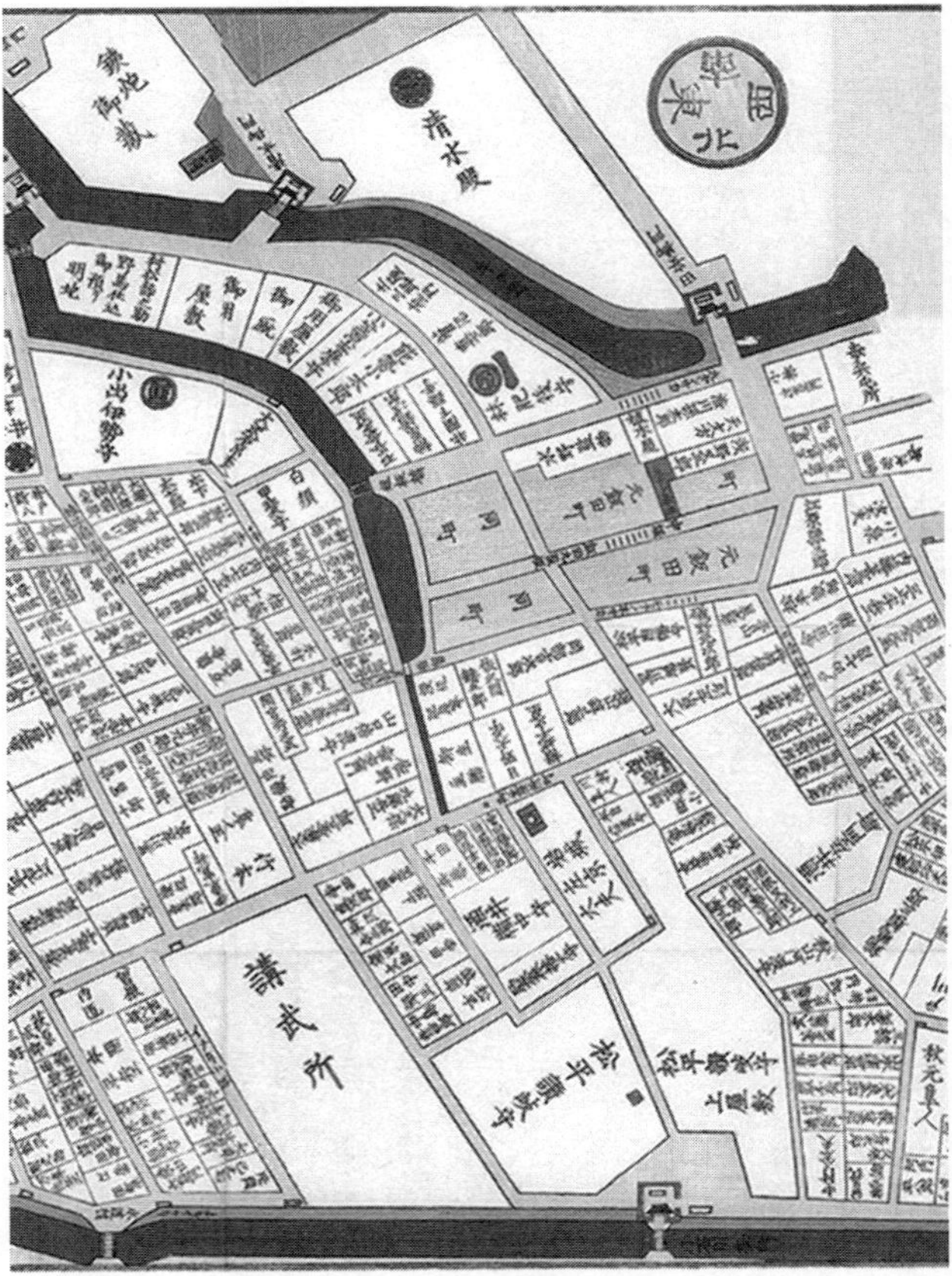

請西藩江戸上屋敷とその周辺　地図上部に，「清水殿」と堀をはさんで「林肥後守」の文字がみえる．「駿河台小川町絵図（慶応元年）」（『江戸切絵図集成　第四巻　尾張屋板』所収）より

しかも、黄昏時《たそがれ》にやっと神妙丸に乗り移ってからも烈風はおさまらず、出帆できなかった。ようやく風が静まって錨を上げることができたのは、十二日の「未《ひつじ》の刻（午後二時）過ぎ」のこと。浦賀へ入ったのは「十三日の暁」であったが、神妙丸はそれまでに「蒸汽軍艦五、六艘」と擦れ違っていた（同）。

渋沢栄一『徳川慶喜公伝』によれば、開陽丸は十日夕刻浦賀に寄港。十一日品川沖に入り、慶喜は十二日未明に徳川家の別邸浜御殿へ上陸した。東帰した慶喜と西上する忠崇の動きにはかなりのズレがあるから、忠崇の見た「蒸汽軍艦五、六艘」のうちの一隻が開陽丸だったとまでは特定しきれない。

だが浦賀へ入港した忠崇は、「船夫ども何人《なんぴと》に聞きたりけん、前大樹公《たいじゅこう》（前将軍）帰府せられし由語りあえれば」初めて慶喜東帰の噂を知った。ならば、その噂の真偽を確かめなければならない。

同行のふたりの藩士、伊能矢柄と大野禧十郎を介して浦賀奉行所へ問い合わせると、奉行所側はこう答えた。

事の委詳はわからずといえども、京師《けいし》に於て兵端すでに開け、東軍（旧幕府勢）利なくして前大樹公（江戸へ）帰城し玉《たま》うとの確説なり。（「一夢林翁戊辰出陣記」）

この報告を受けた忠崇は、おなじふたりを早船で江戸へ返し、「確説」をさらに確認させることにした。

この日、空かき曇り、北風もっとも烈しく夜半に到り白雪紛々たり。(同)

忠崇が淡々と書いているだけに、徳川の天下を賭けた大一番に遅れてしまった佐幕派青年大名の口惜しさと憮然たる胸中とがありありと伝わってくる。

その忠崇が慶喜はもう江戸城にいると知ったのは、「十四日夜」になってからのこと。伊能矢柄、大野禧十郎と行き違いに江戸残留の藩士清水半七が早船で追いかけてきて、やはり江戸に残っていた家老小倉多左衛門からの「大樹公帰城」を伝える手紙を差し出したのである。忠崇に「帰府を促す」その手紙には、慶喜がまだ江戸にいる大名たちに示した「内諭の書」も同封されていた。

余談ながらかつて筆者は忠崇を主人公のひとりとする長編小説『遊撃隊始末』を書いた時、古写真をもとにその顔だちをこう描いたことがある。

「ふっくらとした面長な輪郭のなかに切れ長の双眸《そうぼう》が光を帯び、長い三日月型の眉がその瞳の印象を強めている。鼻筋は通り、やや厚めの血色のよい唇の下にはとがり気味の顎がつづいて、ある種の気品を漂わせていた」

忠崇は好青年そのものの風貌を「内諭の書」に向け、一気に読みすすんだことだろう。その書のなかで、慶喜はまず鳥羽伏見戦争の発端から説明していた。

先般、尾張大納言（名古屋藩老公徳川慶勝《よしかつ》）、松平大蔵大輔《たいふ》（福井藩老公松平春嶽《しゅんがく》）をもって上京いたすべき旨御内諭をこうむりたてまつり候につき、さる三日、先供《さきとも》の者四塚《よつづか》関門（鳥羽街道の起点）まで相越し候ところ、松平修理大夫《しゅりだゆう》（薩摩藩主島津忠義《ただよし》の）家来いわれなく通行差し拒み、かねて伏兵の配りいたし置き、突然と彼より発炮《（砲）》に及び兵端を開き（略）、あまつさえ叡慮《えいりよ》を矯《た》め、朝敵の名を負い（慶喜に朝敵の名を負わせ）、他藩の者を煽動し、人心疑惑を抱き、戦い利あらず。（「一夢林翁戊辰出陣記」）

つづいて慶喜は、自分が東帰した理由を語り、在府の大名たちに一致団結するよう訴えていた。

この分にては夥《か》多《た》の人命損じ候のみならず、宸襟《しんきん》を寧《やす》んずべき誠意も相貫けず、（略）ついては深き見込みもこれあり、兵隊引き揚げ、軍艦にてひとまず東帰いたし候。おって申し聞かせ候儀これあるべく候につき、銘々同心、力を戮《あわ》せ、国家のため忠節を抽《ぬき》んずべき事。（同）

鳥羽伏見戦争では一敗地に塗《まみ》れたものの、慶喜にはまだ「深き見込み」があるという。「おって申し聞かせ候儀」もあろうという。

これによって江戸へ引き返すことに一決した忠崇は、伊能矢柄と大野禧十郎の帰船を待って、「十六日朝四つ時（十時）過ぎる頃」浦賀を出港。十七日に品川沖にもどり、「十八日未明」にふたたび小舟に分乗して日本橋へ帰っていった。

「隊伍を正して帰邸せり」

という表現で忠崇が虚しくおわった最初の出陣の記録をおえているところに、微妙に佐幕派大名の意地が感じ取れる。

忠崇の王政復古論

ではここで少し時計の針をもどし、鳥羽伏見戦争に勝ちを制した朝廷側が、旧幕府首脳たちをどのように処分したかを眺めておこう。

一月十日の時点で、将軍職を去ってもまだ内大臣の位にあった徳川慶喜はその位をも褫奪《ちだつ》された。すでに朝廷はかれの辞官納地を既成のこととみなしていたから、徳川最後の将軍はこれによって無位無官の一私人に転落したことになる。

同時に会津藩主松平容保（前京都守護職）、桑名藩主松平定敬《さだあき》（前京都所司代）、高松藩主松平頼聡《よりとし》、伊予松山藩主久松定昭（元老中）、備中松山藩主板倉勝静《かつきよ》（老中）、大多喜藩主大河内正質《まさただ》

(同)は官位を褫奪されただけでなく、京都藩邸をも没収された。これは、それぞれの藩兵たちが鳥羽伏見戦争において旧幕府勢に加わったためである。

幕臣たちからは若年寄永井尚志《なおゆき》以下、大目付、目付、歩兵奉行など二十人がやはり官位を奪われ、小浜・大垣・鳥羽・宮津・延岡の五藩の藩主は入京を禁じられた。

同日中に慶喜追討令を発布した朝廷は、四海平定の自信を深めたのだろう、一月十七日には諸藩から貢士《こうし》を出させ、世論公議を考えるための議事官とする制度も発足させた。越えて二月三日には新政府総裁熾仁《たるひと》親王を召して親征の命を下したが、このころになるとこれまで召命にしたがわなかった大名たちも時代の帰趨を悟り、こぞって上京を急いだ。

『明治天皇紀』第一、二月一日の項によれば、この日から同月三十日までに帰順を誓った大名家は六十一藩にのぼる。むろんこのなかに、薩摩・長州・土佐・芸州・鳥取・津・熊本・名古屋・福井・宇和島・彦根など、すでに討幕を旗幟《きし》鮮明にしていた諸藩はふくまれていない。

しかし、このころまだ林忠崇は江戸を動かなかった。「一夢林翁戊辰出陣記」には貢士制度の発足直後に書かれたとおぼしき忠崇独自の「王政復古論」が併載されているので、以下この一種の論文を分析することによってかれの時局観を眺めてみよう。

まず、忠崇はいう。

王政復古、天下御一新の上は、万石以上（の大名）ただちに王臣たること当然（と）存じたてまつり候。これまで（徳川家の）御譜代の臣といえども、今、天命に随《したが》いて徳川家とともに天に事《つか》えたてまつる儀と存じたてまつり候。

図示するならば、忠崇はこれまでは図①のようであった朝廷、徳川家、大名家の関係が、王政復古の大号令によって図②のように変化したと考えていたことになる。

①

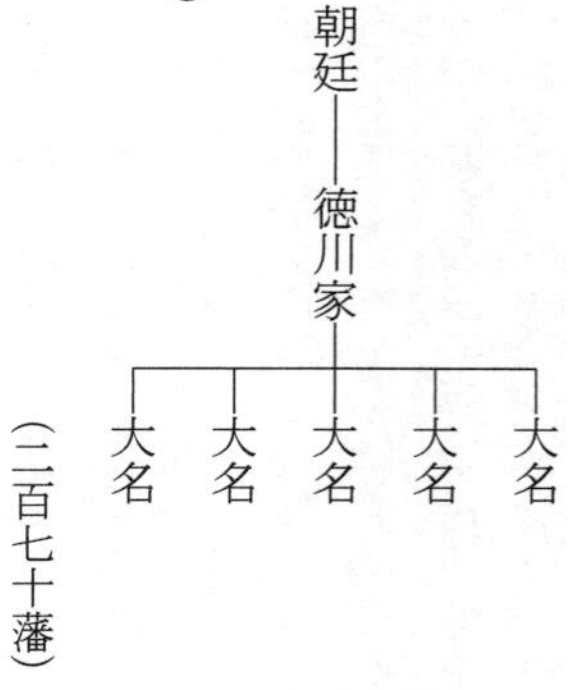

②

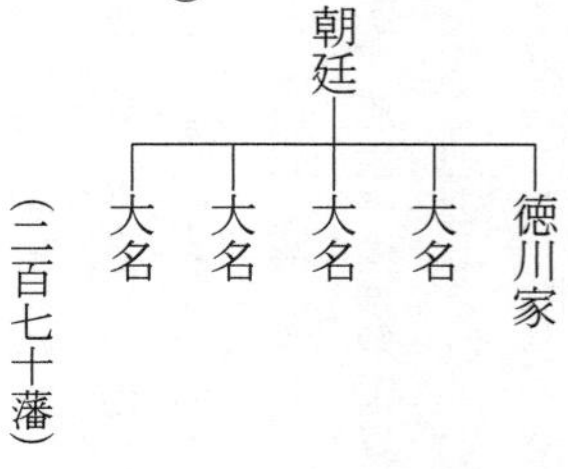

このような思考法によって忠崇は、「忘恩の王臣たらんより全義の陪臣たらん」とする佐幕派の感覚から一歩抜け出したかに見える。では、それなのになぜ忠崇がなおも上京しないかといえば、王政復古の結果新政府の議定《ぎじょう》に名をつらねた五人の大名と、その家臣から参与に登用された藩士たちとを「奸藩」、「奸賊」とみなしていたからである。

明治天皇、新政府総裁熾仁親王につづくナンバー3《スリー》の議定十人のうちに顔をならべた五人の大名とは、以下のごとし。名古屋藩老公徳川慶勝、福井藩老公松平春嶽、

芸州藩主浅野長勲《ながこと》、土佐藩老公山内容堂《やまのうちようどう》、薩摩藩主島津忠義。

また、これを補佐する参与には、田宮如雲（名古屋）、由利公正《きみまさ》（福井）、辻維岳《いがく》（芸州）、後藤象二郎《しょうじろう》（土佐）、大久保利通《としみち》（薩摩）、西郷隆盛（同）らが指名されていた。

横一線の関係になったはずの徳川家と二百七十藩のうち、なぜこの五藩とその藩士たちとが新政府の主要メンバーとなるのか。それが、忠崇には理解できなかった。まだ請西藩を相続したばかりで、幕末の京における権力闘争の実態を把握しきれていなかったこと、年齢もあまりに若かったことなどが原因だろうが、つづけて忠崇はこう断言する。

（しかるに）にわかに両三藩（二、三の藩。正しくは右の五藩）いわれなく禁中を守衛し、あまつさえ玉座近く（を）陪臣をして守衛したてまつり（略）、しばしば叡慮に託して私意を主張す。これまったく奸藩の所置にして疑うべきの甚しきものなり。（「王政復古論」）

この論理にしたがうならば、一月三日に上京を策した旧幕府勢に対して薩摩藩の方から「暴発」したのも、慶喜を朝敵呼ばわりして親征を企みはじめたのも、「まったく奸賊の所業、天を懼《おそ》れざる所置と申すべく候」ということになる。

一月十七日、朝廷が新たに貢士の制度を設けたことも、忠崇の目にはやはり「奸賊の所業」と映った。

> 陪臣権を盗み、これを天下に恥じてついに諸藩より貢士を差し出す事を布告す。かかる暴政をおこないて、いかに天下泰平（を）皷《（鼓）》舞する事を得ん。（同）

忠崇は図②のように徳川家も諸大名家も王臣（天皇家の直臣）になったと考えていたのだから、ここにいう「陪臣」とは議定となった五人の大名のことではない。参与に指名された五藩の藩士たちのことであろう。

つまり忠崇は、つぎのような三段論法によって新政府を批判しているのである。

一、議定となった大名五人は、自藩の者たち（天皇家から見れば陪臣）を使って権力を盗み取った。

二、しかし議定たちには、その後陪臣たちによってこのようなことをおこなったことを天下に恥じる気持がめばえた。

三、だからこそ議定たちは諸藩からも参与同様に陪臣たちを差し出させ、これを貢士という名の直臣として扱うことによって、自分たちの使った者もまた以前からの直臣であるかのように偽装したのだ。

その後、明治二年（一八六九）五月の箱館戦争までつづく一連の戊辰戦争は、ことごとく明治新政府軍の勝利におわった。それを知る現代人の感覚からすれば、右のような立論は「坊主が憎けりゃ袈裟まで」の類でしかないかも知れない。

だが、忠崇がこれを書いた時点において、鳥羽伏見の戦場に出なかった旧幕府後備の陸軍は江戸に健在。旧幕府海軍も、新政府側の微弱な海軍力に対して圧倒的優位を誇っていた。

「歴史上のもしも《ヒストリカル・イフ》」は言ってはならないこととされているが、もしもこのあと旧幕府陸海軍が総力を結集して新政府の東征軍を迎撃していたら、明治維新はどうなったかわからない。そして、もしも旧幕府勢が勝ちを制していたら「王政復古」はたちまち「幕政復古」に様変わりしてしまい、新政府は忠崇流の理論によって「奸賊」集団と決めつけられる運命をたどったかも知れない。

このようにまだ流動的な情勢を考え合わせてのことだろうか、忠崇は「王政復古論」の最後をつぎのように締め括った。

(かかる暴政は)実(に)天道に背き、公明正大とは申し難し。これによりて今、徳川家(の)旧恩を思い、御危難を救いたてまつらんとする也。

鳥羽伏見戦争へ馳せ参ずることのできなかった忠崇は、再度出陣し、江戸をめざしつつある新政府軍と対決する腹を固めたのである。いずれ忠崇が、藩主みずから脱藩するという一見奇矯な行動に及ぶ理由もまたここにある。

それまでの経過は、章を改めて略述しよう。

第二章

「一文字大名」の誇りの下に

新政府への恭順を装う

林忠崇が「王政復古論」を執筆した直後に生じた状況の変化の最大のものは、二月十二日早朝、徳川慶喜が上野の寛永寺大慈院に入り、新政府に対して恭順謹慎の意を表明したことであった（この重大事件に触れられていないことから、「王政復古論」は一月十七日以降、二月十一日以前に書かれたものと推定できる）。

それに先んじて慶喜は、

「何《いず》れも予が意を体し、心得違いこれなく恭順の道取り失わざるよう致すべく候」（「一夢林翁戊辰出陣記」、『徳川慶喜公伝』もほぼ同文）

との命令を、江戸残留の大名や旗本御家人たちに下していた。

そのため一時動くに動けなくなってしまった忠崇は、一計を案じた。鵜殿《うどの》伝右衛門と田中兵左衛門の家老ふたりを京へ急行させ、これまで召命に応じられずにいたのは忠崇が病気だったためだと「疾《しつ》を謝し」たのである（『復古記』第二冊）。

ふたりの入京は二月十七日のことだが、かれらは「勤王（に）二念なき証書」を差し出しさえした（同、第五冊）。この時代、内に戦備を急ぎながら外に恭順を装うことを「武備恭順」という。第二次長州追討戦に際し、長州藩が追討軍に対して採った作戦も「武備恭順」だったから、あるいは忠崇はこれを真似たのかも知れない。

いずれにしても、こうして東西の情勢を観望していた三月七日、かれは一度請西藩へ帰国することにした。その理由を「一夢林翁戊辰出陣記」は「人気《じんき》不穏により鎮静のため」としているが、これは新政府軍約五万が二月十一日から十三日にかけて京都から江戸をめざして進撃しはじめたと聞き、木更津周辺にも動揺がひろまった、ということに違いない。

請西藩の陣屋は、間舟台という地名に武家好みの文字を当て、「真武根《まぶね》陣屋」と称した。総面積二万四千坪以上の真武根陣屋は、東南の方角に表門をつけた本殿の敷地だけでも二千余坪と、小藩にしてはなかなかの規模を誇っていた。

家来三人とともに騎馬で下ってきた忠崇が、この陣屋へ入ったのは八日「暮六時《むつどき》頃」のこと。しかし、かれらはその後一カ月以上にわたり、藩論をどのように定めるかという問題で頭を悩ます羽目になる。

そのきっかけは、在京の鵜殿伝右衛門と田中兵左衛門が、「朝命に従い上京すべきの旨」を「再三」忠崇に申し入れてきたことにあった。思うにふたりは、京にあって新政府が着々と新体制を整えてゆくのを間近に眺めるうち、請西藩がいつまでも佐幕にこだわっていると討伐の対象とみなされると感じて、危機感を募らせていたのである。

当の忠崇にも、ふたりの忠告を受け入れるか否かが「一家の浮沈」にかかわる問題であることはよくわかった。そこでかれは、新政府軍との対決も辞さぬ覚悟、という胸中までは明かさずに、とりあえず藩士たちに上京の可否を論じさせてみた。

すると最初は、上京反対論が圧倒的に強かった。この論者の根拠は、つぎのようなものであったと忠崇自身が書いている。

今、上京せんとせば費用足らず、必ず民を虐《ぎゃく》するに至らん。民を虐して家を全《まっと》うするも本意ならず。(「一夢林翁戊辰出陣記」)

旅行費用を捻出すべく領民たちに苛斂誅求《かれんちゅうきゅう》をおこなってまで上京するのは不本意だ、というそれなりに筋の通った意見である。そこで請西藩の藩論は、三月三十日、上京せず、ということに定まった。

だが、それより半月以上前の三月十四日の時点で、江戸の無血開城と慶喜の水戸への退隠は新政府と旧幕府間の了解事項となっている(西郷隆盛・勝海舟会談)。以後も京の鵜殿と田中から「再三再四」上京を促す手紙が届くにつれて、上京論が盛り返してきた。

これらの論者は主張した。

このまま手を束《つか》ねて苟安《こうあん》(一時の安楽)を偸《ぬす》みおりて、万一御不審を蒙らば勤王の趣意も達せず、佐幕の赤心も遂げず、空しく世間の笑いを取るべし。如何《いか》にもして一たび上京し、まず己《おのれ》を清くして然《しか》して後、徳川氏の冤《えん》（を）訴え、哀訴嘆願し命を捐《すつ》れば、これ両全の策なるべし。（同）

一度は召しに応じ、王臣たる身の証しを立ててから朝敵視されている徳川家の雪冤を命懸けで図る。これはいわば「尊王佐幕」の考え方だから、公武合体論に馴染んできた請西藩士たちにとってはわかりやすい論理といえる。

その後の一週間で上京反対論と上京論とが相拮抗する形勢となったため、四月七日、忠崇は全藩士に対し、どちらの論をよしとするのか「封書をもちて答うべき旨」主命を下した。

ところが、藩士たちがどう答えようかと各所に集まって議論を重ねている間に、第三の主張が登場してきた。

これは、林家が請西藩領という領地を所有しているからこそ上京せよといわれる、ならばいっそ領地をすべて新政府に渡し、それと同時に徳川家の家僕になってしまえばよい、という破天荒きわまる発想であった。いうまでもなくその背後には、領地を失っても「奸藩」「奸賊」にはしたがいたくない、という佐幕一途《いちず》の思いが揺曳《ようえい》している。

「至極の論なり」

とこれに賛同する藩士が多かった、と「一夢林翁戊辰出陣記」にあり、この第三の立場から書かれた新政府への嘆願書まで同書中に全文引用されているのは、忠崇自身がその執筆者だったためであろう。

忠崇を「私」と表現する嘆願書の後半を、つぎに引く。

私、家筋の儀は徳川家康九《ママ》代の祖松平親氏のころ（松平家の）臣下とまかり成り候いてより、爾来《じらい》、譜代の旧臣にて四百有余年の恩儀《ママ》海岳《かいがく》忘却つかまつり難く御座候間、恐れ多き嘆願には御座候えども徳川（の）家名（を）立たせられ候上は随従つかまつり、多年の恩（に）報じつかまつりたき志願に御座候。これにより、私、領地残らず献納つかまつりたく、何卒《なにとぞ》右の情実聞こしめされ、前々の如く徳川（の）家僕と成し置かれ候よう泣血嘆願たてまつり候、以上。（同）

請西藩一万石を投げ捨てて無収入になってしまっても、そして大名ではなくただの家僕となったとしても、徳川家に仕えつづけたい。「武士は二君に仕えず」という江戸時代のモラルに裏打ちされたこの文面には、忠崇のあまりに純情な佐幕の思いが満ち溢れている。

ただし忠崇は、右の嘆願書をすでに駿河まで進出してきている大総督宮《だいそうとくのみや》熾仁《たるひと》親王に差し出すには至らなかった。一度は忠崇自身が上京し、召命に応じるのが遅れた罪を許された上で直接朝廷へ嘆願するのでなければ意味がない、とする議論が起こり、嘆願書が宙ぶらりんになっている間に請西藩を取りまく政情が急変したためである。

兎の吸物がとりもつ縁

その政情の変化とは、四月十三日、幕臣福田八郎右衛門を隊長とする旧幕府歩兵の予備兵力撤《さっ》兵《ぺい》隊の三千が、江戸を脱走して木更津へあらわれた時に始まった。

江戸の無血開城は、四月十一日のこと。同時に旧幕府兵たちは銃砲を、おなじく海軍は軍艦を新政府軍に差し出すよう定められていたが、徹底抗戦を叫ぶ一部の兵力は江戸周辺に散って徳川の天下の回復を策しはじめていた。

十三日以来、福田八郎右衛門は真武根陣屋へ使者を派遣し、「徳川恢復同心協力の儀」を再三にわたって申し入れた。さらに十七日には、その福田自身が真武根陣屋にやってきて忠崇に会見した。

注目すべきは、この時までに忠崇も徹底抗戦の覚悟を決めていたことである。

(福田へは) もとより同意の旨、相答う。これより無二の佐幕に一決し、もっぱら戦争の用意をなす。(同)

率兵上坂ならずと知って以降さまざまな意見の間で揺れ動いていた忠崇の心は、さる慶応三年十二月十九日、老中たちに対して「一命を抛ち、粉骨砕身つかまつり候」と誓った原点にいつか立ち返っていたのであった。

それにしても右の記述が、

「忠崇が無二の佐幕と一決すると、上京論と上京反対論、あるいは領土献納論に割れていた意見の違いもどこへやら、藩士たちは挙藩一致して戦争準備に取りかかった」

という意味にしか読めないのは興味深い。

一万石の藩というと、その藩士たちの人数は老幼をふくめて七、八十人程度と考えてよい。それにしても、ということばをあえてもう一度繰り返すが、一体どうして請西藩士たちは、上京中の鵜殿伝右衛門と田中兵左衛門を除いて急速に徹底抗戦論でまとまったのか。

それを考えるには、徳川家と林家の関係をさらに深く掘り下げて見ておく必要がある。

林家の遠祖は清和源氏の、小笠原流礼法で知られた小笠原家に遡《さかのぼ》ることができる。室町時代、信濃国の守護大名だった小笠原清宗の次男光政が林姓を名乗ったことによって小笠原支流の林家が成立したのだが、『改正三河後風土記』、『寛政重修諸家譜』、林忠旭「林氏系譜」などに記された伝承を総合すると、林家と徳川家とのかかわりは左のようになる。

足利六代将軍義教《よしのり》の時代に鎌倉公方足利持氏《もちうじ》に仕えた光政は、鎌倉に参勤していた。その間に光政は家康九代の祖である世良田有親《せらだありちか》と親氏《ちかうじ》の父子と親しくなったが、ある時持氏の家来の讒言《ざんげん》により、信州林郷（松本市）への蟄居《ちっきょ》を命じられてしまった。

やがて将軍義教と持氏との不和が決定的となり、永享《えいきょう》の乱（一四三八〜三九）が勃発した。乱は持氏の敗北によっておわったが、世良田有親・親氏は義教から追われ、諸国を放浪するうちに林郷へやってきた。

これが永享十一年（一四三九）十二月のことで、光政は父子を自宅に受け入れ、年を越させることにした。ところが饗応したいのはやまやまながら、膳に乗せるべきものがない。そこで年も押しつまった十二月二十九日、光政は弓矢を手に猟に出かけた。

しかし、降りつもる雪のため小鳥一羽も見当たらない。やむなく家路をたどろうとすると、一羽の兎が田の畦《あぜ》を駆けてゆくのが目についた。狙いすまして矢を放ち、この兎を提げて帰った光政は、兎を吸物に仕立て、麦飯にゴマメのなますを添えて心づくしの年賀の膳とした。

のち松平姓となって三河国に名をなした親氏は、あの兎こそ瑞兆《ずいちょう》であったと信じ、光政に林姓を与えて侍大将に招致。毎年元旦の賀宴には、松平一族よりもまず最初に光政に瑞兎《ずいと》の吸物と盃とを与えるのをつねとした。また、林家ではこの重要な年頭行事にそなえ、毎年十二月二十九日には兎狩りをおこなって獲物を献上するのが恒例となった。

いわゆる「献兎《けんと》賜《し》盃《はい》」（林勲『林侯家関係資料集』解説）。

小笠原家の家紋「三階菱《さんがいびし》」に対し、林家が「丸の内三頭《みつがしら》左巴《ひだりどもえ》に下一文字《いちもんじ》」というきわめて珍しい拝領紋を使用するようになったのも、この紋が毎年の賀宴に最初に進み出て盃を受ける家柄を図案化したものだからである（「丸」は盃、「一文字」は一番目という意味）。

なお付言すると、林家は光政六代の子孫で家康に仕えた忠政が十七歳の時眼病に罹って致仕して以降、献兎賜盃の辞退を余儀なくされた。しかし、文政八年（一八二五）一万石となって貝淵藩を立藩した林忠英は、翌年十一月中に老中へこの行事の復活を願い出て許された（林忠英「兎御献上之儀留」）。

その献兎の手順を、生涯を請西藩林家の研究に捧げた林勲はつぎのように書いている。

> 林氏の宗領地たる上総国望陀郡上根岸《かみねぎし》の村人は十二月に、藩から頂いた「御兎御用」の旗を立て附近山林を狩って得た兎五匹を駕籠に入れ、附添いの村役人たる名主には武士の資格を以て、正装、帯刀、上根岸より姉ケ崎（市原市）までは村の人足に担がせ、姉ケ崎からは宿場毎に人足を新《あら》たに雇って進み市川の番所にては番所役人跪《ひざまず》いて之を迎え、江戸川、中川などの渡河には一般乗客とは別に特別用意の舟を利用するなどして藩邸に届くるを例とせり。

兎献上し終れば、附添人たる村役人は武士の資格を返上、一般庶民として帰路に就くを例とす、この行事の報償として、藩侯林氏より、地元上根岸地区に対し毎年、米一石を下賜さる。
(『林侯家関係資料集』解説)

こうして上根岸から林家へ届けられた兎五匹は、さらに江戸城へと運ばれた。それが吸物に仕立てられ、元旦の六つ刻(午前六時)ないし六つ半刻(同七時)に年賀のため登城してきた徳川御三家、松平一門以下の諸大名にふるまわれたわけである。

此《この》藤助(第四代、林忠満の通称)と申《もうす》は、御代々伝《つたえ》たる侍大将也。正月御酒盃をも、御一門より先に罷出《まかりで》て被下《くだされ》けり。其次《そのつぎ》に御一門出させ給ふ。御家久敷《ひさしき》侍者《は》、是《これ》に無超人《こすひとなし》。(『三河物語』)

大久保彦左衛門忠教《ただたか》の右のように特筆した徳川家の年中行事が、ここに復活。以後、林家当主は江戸城白書院《しろしょいん》において時の将軍から百官に先んじて盃を受け、兎の吸物をともに祝う光栄に浴しつづけた。

幕府年中行事の筆頭を飾るこの行事は、

弥勒まで御世や兎の御吸物　(越人《えつじん》「鵲尾冠《しゃくびかん》」上)

と俳句にも詠まれたほど。

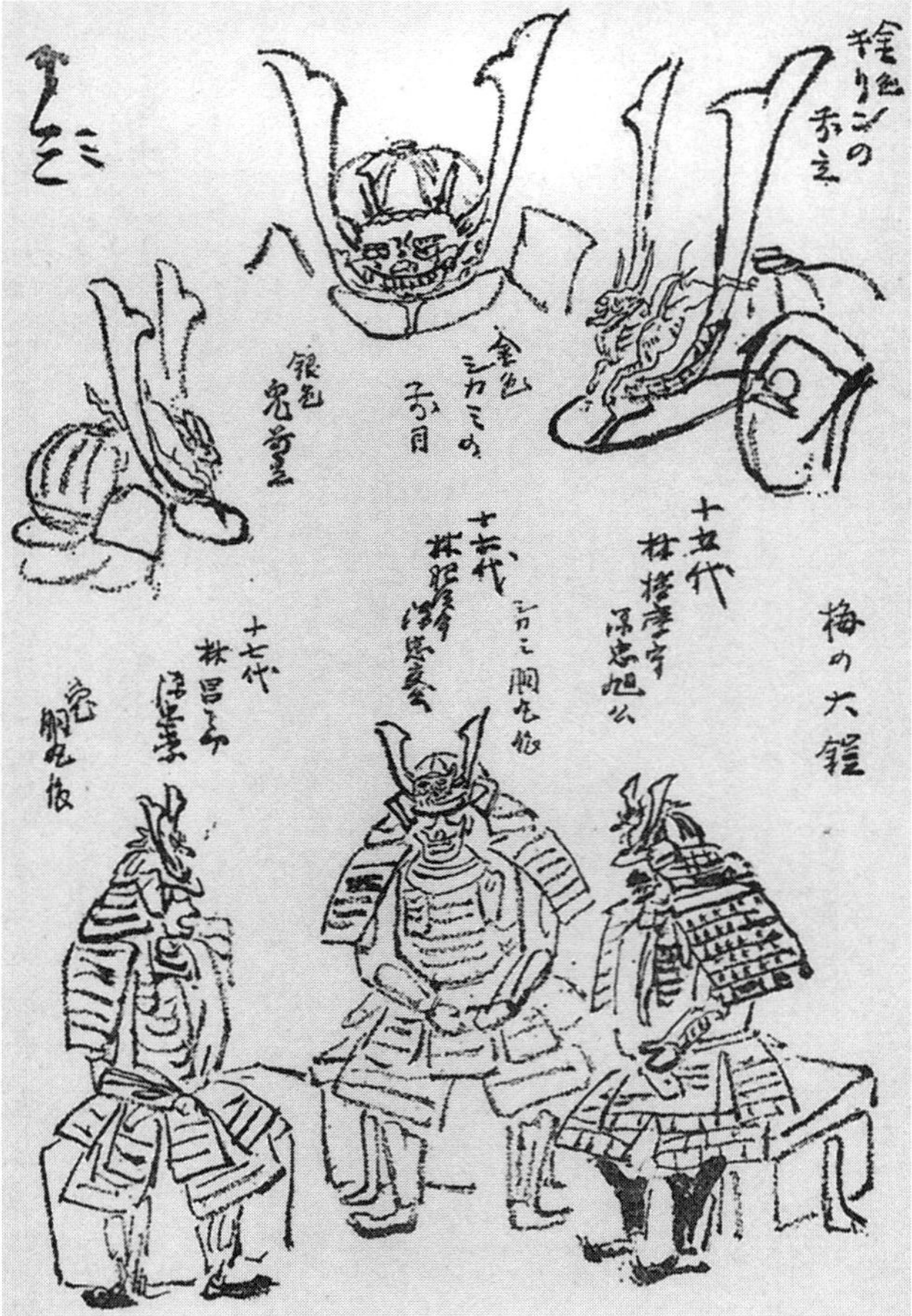

忠旭・忠交・忠崇の甲冑

しかも、林勲編の林忠崇歌集『おもひ出くさ』に収録された忠崇自筆の絵のうち、林忠旭・忠交・忠崇の甲冑図とその解説は、実に興味深い事実を伝えている。忠旭が「金色キリン（麒麟）の前立《まえだて》」つきの兜に「梅の大鎧《おおよろい》」、忠交が「金色シカミ（獅噛＝獅子頭）の前立」つきの兜に「シカミ胴丸拵《ごしらえ》」の鎧を出陣に備えて用意していたのに対し、なんと忠崇の兜は「銀色兎（の）前立」つき、鎧は「兎胴丸拵」。

「銀色兎（の）前立」は後肢を頭頂部へむかってはねあげ、斜面を駆け下る兎をデザインしたものだが、胴丸にも兎が描かれていたのであれば忠崇は身に二匹の兎を飾って戦場にむかおうとしていたことになる。

献兎賜盃を許された、一文字大名の誇り思うべし。請西藩が徹底抗戦論で一気にまとまった背景は、ここにあるとしか筆者には考えられない。

遊撃隊あらわる

さて、ここでふたたび慶応四年（一八六八）四月十七日、旧幕府撤兵隊隊長福田八郎右衛門とともに戦争準備を始めてからの林忠崇の動きに目をもどそう。

いったんは同盟を約したものの、忠崇が様子をうかがっていると撤兵隊は次第に横暴な態度をあらわにした。

みずから義軍府と称し、名を求めて実を務めず、紀（規）律漫々（と）して（だらしなくて）暴行多く、あるいは民家に入りて金穀を貪《むさぼ》り、あるいは威をもって小民を駆役し、敗覆の勢い必ず近くにあり。（「一夢林翁戊辰出陣記」）

撤兵隊が高札を取り捨てたり村役人たちを顎で使ったりし、これからは上総諸藩に代わってわれわれが支配者となる、と公言したという記録は「房総戦記」（『復古記』第十冊）にも見える。同月二十四日、その撤兵隊の名を騙《かた》って暴行を働き、請西藩に捕縛された者も十九人に達した。これも撤兵隊の質の低さに便乗しての行為だから、ここに至って忠崇は失望を禁じ得なかったようである。

ところが二十八日、やはり木更津へあらわれた江戸脱走の部隊があった。遊撃隊の三十余人。「遊撃」ということばを冠した部隊は長州にも薩摩にもあるが、幕府が慶応二年（一八六六）冬に新設した遊撃隊は、予備兵力に過ぎない撤兵隊とは違って一種のエリート集団であった。

その中核をなしたのは、幕府が安政三年（一八五六）四月に開設した講武所で刀槍柔術を教授した旗本御家人たち。そこから十四代将軍家茂の奥詰《おくづめ》衆（いわゆる親衛隊）に選抜された腕達者六十人と、旗本御家人の次男以下からやはり武芸抜群の者たちとを合体させて編成されたのが遊撃隊である。

その隊士のひとり西山平八郎の所持していた「遊撃隊惣名前」（西山昌栄「遊撃隊の名簿に就て」）によれば、結成直後の隊士数は三百九十人。その頭取ないし頭取並《なみ》には、心形刀流《しんぎょうとう》の達人伊庭《いば》軍兵衛、剣聖男谷《おだに》精一郎の直弟子で直心影《じきしんかげ》流不敗の剣豪榊原鍵吉、槍術にかけては天下無双といわれた高橋泥舟《でいしゅう》、鏡心明智流士学館の道場主桃井春蔵《もものいしゅんぞう》など、錚々《そうそう》たる武芸者たちが顔をならべていた。

ちなみに旧幕府は、このあと遊撃隊によく似た名称をもつ部隊をふたつ創設していた。ひとつは坂本龍馬、中岡慎太郎を斬ったことで知られる京都見廻組と京都守護職・所司代配下の与力同心たちとを合体させた新遊撃隊。もうひとつは、新選組あらため新遊撃隊御雇《おやとい》（のちに新選組は、この呼称を辞退）。

遊撃隊は鳥羽伏見戦争には新遊撃隊、新選組その他とともに最前線で戦ったため死傷率が高く、江戸へ帰った時点では百人あまりしかいなくなっていた。四月十一日早朝、寛永寺を出て水戸へ退隠する徳川慶喜を護衛していたその人数を「百人許《ばかり》」と『徳川慶喜公伝』が書いていることから、そうと察せられるのである。

しかし遊撃隊生き残りの約百人は、全員が慶喜とともに水戸へ去ったわけではない。遊撃隊士玉置弥五左衛門の『遊撃隊起終録　附戊辰戦争参加義士人名録』によれば「三十五人」、おなじく人見勝太郎（のち寧《やすし》）の回想録『人見寧履歴書』によれば「34名」が千住大橋《せんじゅおおはし》まで進んだところで慶喜一行と袂別《べいべつ》。林忠崇同様に挙兵を策し、まず江戸湾にある旧幕府海軍の軍艦へと身を寄せた。

だが、旧幕府海軍副総裁榎本武揚《えのもとたけあき》としては、遊撃隊を受け入れたからといってすぐに開戦するわけにもゆかなかった。旧幕府海軍は旗艦開陽丸以下八艦のうちから、富士山《ふじやま》丸、翔鶴《しょうかく》丸、朝陽《ちょうよう》丸、観光丸の四艦を新政府へと引きわたす約束になっていた。

事情に拘泥して軍機を失い、志気を沮喪《そそう》し大事を誤る（は）千載の失策なり。（『人見寧履歴書』）

人見たちは、榎本に対して軍艦引きわたし断乎反対を唱えた。それでも榎本の心を動かすことができなかったため、遊撃隊と榎本とはそれぞれ別の道をゆくことに決定。

「上総地方に上陸し、房総にて兵を募り、為すところあらんとす」（同）

と結論づけた遊撃隊を榎本が行速丸で木更津の浜辺までおくってくれたので、かれらはまっすぐ真武根陣屋へやってきたのだった。

なおこの時遊撃隊は二軍にわかれ、人見勝太郎が一軍の、伊庭八郎が二軍の隊長をつとめていた。

天保十四年（一八四三）生まれの人見勝太郎は、二条城詰め鉄砲奉行組同心人見勝之丞（十石三人扶持）の長男。在京旗本御家人その他の心身を練る機関であった京都文武場の文学師範を兼ねていた父に似てか、かれも忠崇同様の文武両道の士であった。

文久三年（一八六三）、徳川家茂が上洛した時には数え二十一歳ながら『孟子』を御前講義、その後の「撃剣上覧」にも加わってそれぞれ白銀三枚を拝受した、と『人見寧履歴書』は誇らしげに書いている。またかれは鳥羽伏見戦争に敗れて和歌山へ引いたあと、遊撃隊の負傷者を戦場に置き去りにして先に逃れたふたりの隊頭、今堀登代太郎《いまぼりとよたろう》と駒井馬《たけし》に会見し、ふたりを「大いに

人見勝太郎　市立函館図書館蔵

伝 伊庭八郎

論責」（同）して異彩を放った。

初め平隊士として遊撃隊に採用された人見勝太郎が一軍の隊長となったのも、このようにして次第にリーダーシップを発揮したためであろう。

二軍の隊長伊庭八郎は、遊撃隊頭取のひとりだった伊庭軍兵衛（秀俊）の弟で、人見と同年齢の数え二十六歳。五尺二寸（一・五八メートル）と小柄ではあるが「白皙《はくせき》美好」（「伊庭氏世伝」）、「眉目秀麗、俳優の如き好男子」（幕臣高梨哲四郎の書簡）と形容されたかれは、「伊庭の麒麟児」（本山荻舟『近世剣客伝』）といわれた名剣士でもあった。

鳥羽伏見戦争中、つねに遊撃隊の先頭を駆けるその姿を見て、「幕軍流石《さすが》に伊庭八郎あり」（『東京市史外篇　講武所』）と薩摩藩の野津鎮雄《しずお》（のち陸軍中将）も感嘆したといわれるから、かれが脱走遊撃隊の隊長となっていたのも理解できる。

遊撃隊と同盟する

では四月二十八日、このふたりと会見した林忠崇は、どのような態度をとったのか。

隊長伊庭八郎、人見勝太郎の両人、今日請西の営に来たり、これまた徳川恢復の儀を乞う。

即ち、誓いて同心すべきの旨を答う。（「一夢林翁戊辰出陣記」）

暴走気味の撒兵隊とすら手を組もうとした忠崇は、即刻遊撃隊と同盟することにしたのである。忠崇が決意した理由は、つぎのようなものであった。

今、遊撃隊の両士を見るに、剛柔相兼ね、威徳竝《(並)》行の人物なり。ことに隊下の兵士よくその令を用い（命令に従い）、いずれも真の忠義に志すの由聞こえければ、ここに到りて固く約して同心す。（同）

これを後年のインタビューにおいて、忠崇は以下のように語り直している。

伊庭は義勇の人、人見は智勇の人。二人とも立派な人物だと思つたから、（自分は）これにおつかぶさつたのだ。（笹本寅「林遊撃隊長縦横談」）

三人の会談は、いつしか作戦会議の様相を呈した。遊撃隊の木更津進出は房総地方で兵を募るためと決まっていたから、問題は募に応じた兵を率いてどこへ突出するかである。

「民を虐して家を全うするも本意ならず」

と領民には優しい殿さまだっただけに、忠崇は請西藩領以外の土地で戦うことを望んだようだ。その意向を受けてのことか、戦略はつぎのように定められた。

今ここにありて敵を受くるより、速やかに房総の諸侯を連和（連合）し、兵を仮《(借)》りて豆相《とうそう》

（伊豆・相模）に航海し、小田原（藩）韮山《にらやま》（代官所）に力を借り、大いに兵威を張り、東海道の諸侯を説き、従う者は力を合わせ、拒む者はこれを伐《う》ち、怨を紀尾彦（紀州和歌山藩・尾張名古屋藩・彦根藩）の三藩に報ぜば、徳川氏の恢復難きにあらず。（「一夢林翁戊辰出陣記」傍点筆者）

和歌山・名古屋・彦根の三藩への遺恨を晴らすというのは、徳川御三家にふくまれる前二者と徳川家大番頭《おおばんがしら》としてつねに徳川勢の先頭に立って戦ってきた彦根藩井伊家とが、すでに新政府の東征軍に加わっていたからである。

さて、これでようやく忠崇が脱藩大名と化す背景を見わたすことができた。召命に応じず、独断で藩領を離れて徳川家の再興に尽くそうとした――それこそが忠崇の脱藩理由にほかならない。

それにしても藩主みずから脱藩するとは、と思うむきも多いだろう。その気持は、のちに忠崇のインタビュアーをつとめた作家笹本寅にしてもおなじであった。

「藩士が脱藩するといふのなら普通ですが、藩主自ら脱藩された先生のお気持は――」（「林遊撃隊長縦横談」）

という笹本寅の問いを受けて、最晩年の忠崇はこう答えている。

「脱藩しないと、慶喜公と申し合せてやつたやうになる。脱藩すれば、浮浪人だから、誰に命令

されやうもない」（同）

水戸の関鉄之介や薩摩の有村次左衛門が脱藩してから桜田門外の変を起こしたように、あるいは坂本龍馬が土佐藩の藩籍を捨ててから国事周旋につとめたように、忠崇は徳川最後の将軍に迷惑にならないよう大名という身分を捨ててから新政府の「奸賊」たちと雌雄を決しようと考えたのである。

つづけて忠崇は、こうも述懐している。

「慶喜公は、財産を捨て、政権を捨てゝ、総理を辞した。それをなほ朝敵として討伐するのはあたらん。それがわからないから、自分はやつた。しかし、自分が世間知らずのお坊ちやんだつた所以《ゆえん》は、一万石の青二才ですら奮発してやるのだから、大藩はより以上力を入れると思つたところにある」（同）

この後半部分にポイントを置くと話が進み過ぎてしまうので、ここでは「それがわからないから、自分はやつた」までの部分に解説を加えておこう。

一月七日に慶喜追討令を発した新政府は、その慶喜が水戸へ退隠したあともかれを最終的にどう処分するかまでは決定できずにいた。自刃させようという説、流刑に処せという説、西南諸藩のいずれかのうちに禁錮すべし、という説など厳罰論を主張する者たちと、水戸藩のうちに終身寄食させよという寛典論者とが対立していたからである。

もしも寛典に処するならば徳川家を絶家とはせずだれかに相続させねばならないが、その継嗣はむろん、徳川家の知行高をどう定めるかという問題についても意見はまちまちであった。

すなわち慶喜が新政府から自刃を命じられる可能性もまだ大いに残っていたからこそ、忠崇は断固抗戦すべしと思い切ったのであろう。このような発想からすれば、まず譜代大名の多い東海道筋に盤踞《ばんきょ》して、本来ならば旧幕府勢の中心兵力たるべきなのに東征軍に参加している「紀尾彦の三藩」にとりあえず遺恨を晴らす、という考えは自然に導き出せる。

それから閏四月二日まで、「コップのなかの嵐」ということばを思い出させはするものの、請西藩は全藩を挙げて出陣の準備に明け暮れた。その間に真武根陣屋の北東四里半、姉ヶ崎では撤兵隊の一部が江戸から追跡してきた新政府軍と交戦しはじめ、いよいよ上総《かずさ》地方にも戊辰戦争の戦雲がひろがりつつあった。

第三章

脱藩大名の戊辰戦争

新遊撃隊発足

慶応四年（一八六八）閏《うるう》四月三日の明け六つ刻（午前六時）過ぎ、いよいよ林忠崇と五十九人の請西藩士たちは、遊撃隊と合体して真武根陣屋から出撃することになった。

その記念に撮影された忠崇の写真が、『林侯家関係資料集』に掲載されている。これを見ると忠崇は、「銀色兎（の）前立」つきの兜と「兎胴丸拵《ごしらえ》」の鎧は用いず、陣笠を手にして額には幅広の鉢巻を締め、長袖の陣羽織を羽織って明るい色の袴を着けている。おそらく鎧兜は、鎧櫃《よろいびつ》に入れて供に持たせていたのだろう。

出発に先立ち、忠崇は一同に軍令状を伝達した。「一夢林翁戊辰出陣記」には「軍令状申し渡す」とだけあるが、軍令状は兵たちに読み聞かせるのが普通であり、人見勝太郎が音読したとする史料もある。

これは、つぎの十項目からなっていた。

一、徳川（の）御家再興（を）基本（とし）、心得違いこれなく五常（仁・義・礼・智・信）の道堅く相守り、仮りにも暴行いたすまじき事。

一、令なくして猥《みだ》りに進退すべからず。

一、軍議いっさい他言すべからず。

一、渾陣《こんじん》（全員集合）の節雑談無用、すべて何事によらず誹謗《ひぼう》いたし、人気《じんき》惑乱いたさせまじく候事。
一、遊撃隊は一身の如く相心得、決して失礼これあるまじき事。
一、組み合う隊（は）互いに危急を救い合い、私の功を争うまじき事。
一、敵（の）隊長以下の首級は揚ぐべからず、全功第一の事。
一、令を待たずして分捕り無用の事。

出陣直前の忠崇

一、秘事を承り候か心づき候儀は、早速隊長へ申し出ずべき事。
一、陣中禁酒、喧嘩口論堅く停止《ちょうじ》（の）事。
右軍令の条々に相背く者は、すみやかに誅戮《ちゅうりく》せしむる者也。（同）

江戸三百藩はそれぞれの採用した軍学にしたがい、これに似た軍法を設定していた。右の軍令状がそれら一般の軍法とあきらかに違うのは、やはり最初に徳川家の再興を戦争目的として明示している点である。

またこれは小さなことかも知れないが、第十項に「陣中禁酒」とあるのも興味深い。酒は恐怖心を消し、疲れを取るのに役立つし、特に焼酎は傷の消毒にもよく用いられた。その酒を禁じたのは、忠崇たちがストイックな戦闘集団であろうとしていたことを物語る。

忠崇なりのストイシズムは、軍令状伝達より前に請西藩士広部与惣治《よそうじ》が抗戦反対の立場から最後の諫言《かんげん》をこころみた際、早くも発揮されていた。請西藩軍事係だった檜山省吾の「慶応戊辰戦争日記」(『林侯家関係資料集』)によれば、この時忠崇は広部に「一首の古歌」を「投与」して退座した。

世に栄へ《え》時に遇ふともなにかせんこころひとつののどけからずば

これによって広部与惣治は時流に迎合しようとしない忠崇を諫めるのを諦め、供のひとりとして同行することにした。

しかし請西藩は、藩士全員が忠崇とともに出陣したのではなかった。陣屋の留守居を命じられた者もいたし、檜山省吾は、

「嗚呼《ああ》、昨日迄《まで》累代《るいだい》御恩沢を蒙りながら、御出馬の供に遅れ、或《あるい》は逐逃《ちくとう》（逃亡）し、或は空病《そらやまい》（仮病）を申し立て、閉居の士数十人」

と嘆いている。

そんななかにあって檜山たちを驚かしたのは、病弱の士諏訪数馬が杖代わりの槍にすがってあらわれ、供奉《ぐぶ》を願ったことだった。諏訪数馬三十歳は重度の結核を病み、三年間寝たきりになっていて歩行もままならなかった者である。

真武根陣屋から出撃する忠崇一行

「諸人落涙してこれを止《とど》む。（数馬は）聞かず、誠忠真に無二の士というべし」

と、檜山はこの感動的なシーンを伝えている。

つづいて表門がひらかれて大砲一門が曳き出され、南南西の富津《ふっつ》へむかって轟音を発した。これを合図に、忠崇たちはいよいよ真武根陣屋から行軍にうつったのである。

かれらが房総往還にむかうべく表坂を下っ

てゆくと、

「村民はみな道ばたに土下座して見送つた」(宮本栄一郎『上総義軍』上巻)

という研究もある。領主たる大名に、領民たちが土下座の礼を取るのは珍しいことではない。だが忠崇一行を見送った請西藩領およびその周辺の人々には、一種独得の熱い期待がたしかにあった。

関ヶ原の合戦以前、徳川四天王のひとり本多忠勝が上総大多喜十万石に封じられていたことからも知れるように、この地方には昔から譜代藩がひしめいていた。それが佐幕の風土を育て、ひいては忠崇一行への支持となってあらわれたのである。

それは今日でも、木更津を訪れさえすればすぐにわかる。真武根陣屋の跡地はなおも「お林」と林忠崇の姓に尊敬の接頭語をつけて呼ばれ、この地を去って戊辰戦争へおもむいた一行は「上総義軍」、すなわち大義のために蹶起《けっき》した武士たちであったと語りつがれているからだ。

不退転の覚悟を決める

さて忠崇一行が本道と間道とに分かれて進んでゆくと、撒兵《さっぺい》隊の一部と上総佐貫《さぬき》藩の兵一小隊が馳せ加わった。なお旧幕府の採用していたフランス式軍制では、一小隊は二十八名ないし四十名からなる（大山柏《かしわ》『戊辰役戦史』上巻）。

意気上がったであろう忠崇たちは、即日富津陣屋へむかい、協力を求めることにした。江戸湾の海防のため設置された富津陣屋は前橋藩松平家に預けられ、兵およそ五百名がここに配備されていた。

まず全軍をもって富津陣屋を囲んでしまった忠崇一行からは、人見勝太郎と伊庭八郎が陣屋に入って前橋藩家老小河原左宮《おがわらさみや》と交渉を開始。兵と武器兵粮《ひょうろう》の提供を乞うたが、

「主命無ければ応じ難し」（『千葉県君津郡誌』上巻）

と、小河原左宮の答えはにべもなかった。

「応ぜざれば最後の手段を執《と》らん、只鋒鏑《ほうてき》（戦闘）に斃《たお》るる士卒を憐《あわれ》むのみ、宜《よろ》しく士の覚悟ありて可なり」（同、読点筆者）

人見と伊庭が激昂して畳みこむと、進退きわまった小河原左宮はつと去って隣室に入り、切腹してしまった。忠崇としては、初めて間近から「死」に接したことになる。

結局、富津陣屋は戦うことなく軍門に降《くだ》り、忠崇の回想によれば「大砲六門、小銃拾挺、金五百円（両）、粮米若干」を提供するとともに「歩卒二十人」に脱走という形を取らせて忠崇一行に付属させた。また、市川・船橋方面で新政府軍と交戦していた撒兵隊主力から加勢依頼があったため、

合流したばかりの撤兵隊の一部は引き返すことになる。

その後、閏四月八日に館山《たてやま》城下へ入るまでの請西藩士隊と遊撃隊その他の動きは、つぎのようなものであった。

五日。富津陣屋を出発、佐貫城下に一泊。まだ江戸にいた大野友弥、伊能矢柄、高橋護、木村嘉七郎、吉田恒作、小倉由次郎の六名の請西藩士が合流。会津藩松平家の親族、上総飯野藩保科《ほしな》家から藩士数名が来援する。

六日。佐貫出発、天神山に一泊。

七日。天神山出発、保田《ほた》駅着。安房勝山藩主酒井忠美《ただよし》から陣中見舞の使者がきたので、応援を依頼する。

八日。保田出発、勝山着。勝山藩より半小隊が加入する。さらに進み、当面の目的地である安房館山藩領に入って老公稲葉正巳《まさみ》（元老中、藩主稲葉正善《まさよし》はすでに上京）と交渉したところ、稲葉正巳は藩兵半小隊と館山滞陣中の食料の提供を請け合ってくれた。

前橋藩や飯野藩、館山藩などは、すでに新政府に勤王を誓っていた。だが、まだ事態は流動的で佐幕派諸藩が大同団結すれば天下の趨勢はどうなるかわからないと考えたのか、少数ながら援軍を出してくれたため、忠崇一行は約百七十名の兵を擁するに至ったのである。

ではこの辺で、林忠崇が藩主みずから脱藩した事実を新政府側がどの程度まで察知していたかを見ておこう。

『房総戦記』は、撤兵隊が木更津方面に進出したと知れたのは四月十五日以前のことだったという。そこで同月十八日、新政府軍にあって東海道先鋒総督をつとめていた橋本実梁《さねやな》は、請西藩主林忠崇、飯野藩主保科正益《まさあり》、佐貫藩主阿部正恒、勝山藩主酒井忠美ら、近くに領地をもつ八人の大名たちに「凶徒」に備え、「臨機出兵」して勤王に励むよう命じた。これより一日前、四月十七日の時点で忠崇が撤兵隊の福田八郎右衛門と手をむすんでいたことに、むろん橋本実梁は気づいていない。

対して忠崇は、十九日、江戸詰めの藩士野口録蔵を介してこう答えさせた。

鎮撫方精々つかまつり候えども、もとより小藩の儀にて、差し向き当惑つかまつり候旨、在所表（国許）より申し越し候。（『房総戦記』）

これも、武備恭順の策といってよい。

閏四月四日、すなわち脱藩出撃の一日後に忠崇は、ふたたび野口録蔵から左のように届けさせた。

先だってお届け申し上げ候、昌之助（忠崇の通称）在所、上総国請西もよりへ屯集つかまつり候脱走人、またまた立ち入り、ついに家来どもの内、いずれへか誘引致され候やに風聞御座候（略）、委細の儀はかの地へ家来どもの内まかり越し取り調べ、なおまたお届け申し上げ候、以上。（同）

忠崇自身が藩士約六十人を率いて脱藩したことを伏せ、藩士数人が撤兵隊に拉致《らち》されたかのようにいいつくろっているのがなかなか巧い。いうまでもなく、これは忠崇の偽装工作である。

すると閏四月八日、橋本実梁のもとへは、木更津へ進出した東海道先鋒総督軍のふたりの軍監、相良《さがら》治部と渡辺清左衛門から、こんな届け出があった。

請西治下（請西藩領）火《か》す（火事があった）、人を差してこれを検問す、その何の故《ゆえ》なるを知らず。（同）

おなじ八日のうちに勝山藩士ふたりもやってきて、以下のように報じた。

昨日「遊撃隊と相唱え脱走の徒」が勝山陣屋へ押し寄せてきました。「すでに近隣諸藩の人数の相加わり」、とても防衛の見こみが立たなかったため「よんどころなく雑兵《ぞうひょう》共二十五人」を差し出しましたが、出兵して下されば尽力いたしたく、……。

請西藩で火災が発生し、勝山藩には遊撃隊と近隣諸藩からの同調者たちが働きかけた――これらの情報によって新政府側は、請西藩領から勝山藩領に至る一帯になにか不穏な動きが起こっていることにようやく気づいた。

ついで、九日の「房総戦記」の記述、――。

請西藩に牒《ちょう》して（公文書を与えて）、その老臣を召す。また（陣屋を）守る者なし。

この九日になってから、真武根陣屋がもぬけの殻になっていることはようやく世に知られたのだった。

しかも真武根陣屋へ走った使者は、居館ことごとく焼け落ちた無残な姿を見たはずである。請西藩の火事とは、真武根陣屋そのものが炎上したことを意味していた。なぜそんな事態が発生したかといえば、忠崇自身が残留の藩士に陣屋を焼き払うよう命じておいたために ほかならない。

火を放ったのは鹿島央《ひさし》らの藩士たち、日時は八日「辰の下刻（午前九時）」のことだった、と『千葉県君津郡誌』上巻はさすがに詳しく書いているが、これによって忠崇の脱藩は二度と陣屋へは還らないという不退転の覚悟のもとにおこなわれたことが知れる。

だが忠崇としては、もう少し時間稼ぎをしたかった。そこで陣屋炎上から三日後の閏四月十一日、やはり江戸在府の野口録蔵から、みたび東海道先鋒総督府に届けさせた。

当家の儀はかねがね官軍（を）尊びたてまつり（略）、（官軍との）御合勢（を）相待つべきはずのところ、あに計らんや、さる七日、姉ヶ崎辺に戦争これあり、右敗兵（撤兵隊）どもにわかに襲来つかまつり候ところ、前件（以前の報告）の通り、家来ども誘引致され、あとわずかの人数、ことに孤立同様の地にて、御軍勢（への）合体の機（を）相待ち候力相絶え、余儀なく陣屋ひとまず立ち払い申し候、しかるところ右雑踏のあまり、陣内いずれの方よりか火を失い、出火と相成り、ついに（陣屋を）焼失つかまつり候趣に御座候、……。（「房総戦記」）

まだ数え二十一歳の若武者としては、忠崇の虚々実々の外交テクニックはなかなかのものである。

ではなぜ忠崇たちが時間稼ぎを必要としていたかというと、前述のように館山湾から相模灘を西へ押しわたり、伊豆・相模を制して東海道筋の佐幕派諸藩を糾合しようと考えていたためだった。

結論からいえば、野口録蔵の工作は大成功であった。野口が東海道先鋒総督府に陣屋焼失を届けていたころ、すでに忠崇たちは相模灘を西へ航海していた。

遊撃隊、東海道をゆく

この渡海計画が順調に進んだ原因の第一は、かれらが館山の来福寺《らいふくじ》本堂に宿った八日のうちに、旧幕府海軍所属の軍艦大江丸《たいこう》が館山湾に来援してくれたことにある。

九日は、豪雨。この日来福寺では、もはや歩行困難になってしまっていた諏訪数馬が自殺するという悲劇も起こった。だが、伊庭八郎が大江丸に出むいて「相州航海のことを依頼」、館山藩老公稲葉正巳も二百石積みと三百石積みの和船を用意してくれたため、一行は「十日巳《み》の刻（午前十時）過ぎ」には館山港を出帆することができたのである（「一夢林翁戊辰出陣記」）。

排水量百二十トンの大江丸は、二十トン相当と三十トン相当の二隻の和船を大綱で曳航してくれた。

それでも大江丸は、とりあえず上陸地点とされていた真鶴《まなづる》港まで一行を運ぶことはできなかった。すでに軍艦四隻を新政府へ引きわたしていた旧幕府海軍副総裁榎本武揚は、まだこの時期には新政府への恭順を装っている。その榎本が裏で忠崇たちを助けつつあることが発覚したら、大問題となるのは目に見えていた。

そこで大江丸は、丸二十四時間曳航をつづけてから、大綱を解いて江戸湾へと反転していった。その後、和船二隻は洋上で「薩の猛象丸といえる軍艦」と擦れ違った、と忠崇はいうが、これはあきらかに「佐賀藩の孟春丸《もうしゅん》」の誤りである。新政府海軍所属の軍艦で、この時期すでに横浜港まで進出ずみなのは孟春丸しかない（文倉平次郎『幕末軍艦咸臨丸』）。

孟春丸に見とがめられることのなかった和船二隻は、豪雨に悩まされながらもさらに二十四時間後に無事、真鶴に到着。人見勝太郎、伊庭八郎と三者会談をおこなった結果、忠崇が小田原城に出むいて小田原藩大久保家に協力を求めることになり、忠崇は遊撃隊士和田助三郎と三人の家来――北爪貢《きたづめみつぐ》、大野友弥、吉田柳助――を供として小田原をめざした。

徳川家の功臣大久保忠世《ただよ》を祖とする小田原十一万三千石の当主は、高松藩松平家から養子入りした忠礼《ただのり》。忠礼は徳川慶喜とは従兄弟の間柄だから、人見と伊庭はおなじ譜代藩の藩主である忠崇を交渉役に指名したと見える。

十二日夜、小田原城内にある城代家老杉浦平太夫の屋敷へ通された忠崇は、やはり家老の渡辺了叟《りょうそう》、加藤直衛《なおえ》の両名と面談することができた。

この時の忠崇の口上は、小田原藩の佐幕論者だった関重麿の「戊辰国難記」に詳しい。

忠崇は、いった。

「今や徳川家の危急（略）、臣子の情において傍観に忍びず、いわんや我が祖の値（知）遇の深きは世の知るところなれば、闔藩《こうはん》（全藩）死を誓い、国に殉ぜんと欲し、遊撃隊と同盟して伊豆に入り、東海道を扼《やく》して箱根（の）関を塞《ふさ》ぎ、江戸に在《あ》るの官軍を逐《お》い、徳川家冤罪を雪《そそ》がんと欲するを以て、冀《こいねがわ》くは賛成あって合従《がっしょう》せられんこと云々」

対して大久保忠礼は、一夜あけても忠崇に会おうとはせず、両家老の口から答えさせた。
「佐幕の志は勿論のことなれども、方今いまだその色を露《あら》わさず。否、かえって（佐幕の志を打ち出しては）徳川氏のために宜《よろ》しからず。しばらく時期を待つに決せり。これによりて器械（武器）、金穀望みに任せて送るべし」（「一夢林翁戊辰出陣記」）

実のところ、小田原藩は佐幕派と勤王派とに家中が割れ、大久保忠礼自身もすっかり腰がふらついていた。三月二十六日から二十七日にかけて東海道先鋒総督軍が小田原を通過した時には、藩の重役たちが鞠躬如《きっきゅうじょ》としてこれを出迎え、見送ったため、薩長の兵たちは、
「小田原侍、金巾《かなきん》侍、き（来・着）てみりゃあんまり強くない」（小島茂男『幕末維新期における関東譜代藩の研究』）
と歌ったという。

金巾とは、木綿の薄い生地を意味する。要するに新政府軍とも江戸脱走軍とも戦いたくない小田原藩は、忠崇に「器械、金穀」を贈ることによって体よくお引き取り願おうとしたのだった。
ここで、忠崇の若さが出た。忠崇は両家老の言い分を真に受け、十四日朝に小田原城を去ってしまったのである。

ふたたび遊撃隊と合流した忠崇が、つぎにめざしたのは伊豆の韮山《にらやま》代官所であった。武蔵・相

模・伊豆・駿河・甲斐五カ国の幕領のうちに二十六万石の所管地をもつ韮山代官所は、先代の江川太郎左衛門英龍《ひでたつ》（坦庵）の時代以来、反射炉を設けて鉄砲の鋳造を手びろくおこない、門人四千人と農兵多数とを育成していた。だから忠崇たちは、小田原藩よりも韮山代官所の兵力に期待していたのかも知れない。

小田原から相模湾西岸に沿って南下、今日の熱海ビーナスラインと伊豆山とを越えて熱海で昼食休憩を取り、韮山へむかったその姿についてはつぎのような記述がある。

元より義兵なれば秋毫《しゅうごう》も民を犯す事無く、田畑を荒さざれば農民大《おおい》に喜び、取物《とるもの》も取敢《とりあえ》ず弾薬大砲を運送し、間も無く韮山へ着し、……（『遊撃隊起終録』）

房総の地を離れたあとも、一行はストイックな態度を保持しつづけていたようである。

しかし、その日夕方にかれらを迎えた韮山代官所側の反応は、意外なものであった。

代官所の手代のひとりだろうか、柏木総蔵という者に募兵と軍資金の調達を申し入れると、柏木は答えた。

「当主江川太郎左衛門（英武）は未だ少年にして、太政官より召され京都に在り、不在中たり。農兵、銃器等、先代太郎左衛門没後多くの星霜を経たる今日、ほとんどその痕跡なし」（『人見寧履歴書』）

人見はこのことばを聞いた時の気持を、「甚だ失望したり」と書いている。

思いは、忠崇もおなじだったろう。小田原藩と韮山代官所に期待するという募兵計画は、そろって当てがはずれてしまったのだから。

脱走挙兵の趣意書

それでも韮山代官所側は、「一千金（一千両）を送り饗応」してくれたので、この夜一行は韮山に疲れたからだを休めることができた（「慶応戊辰戦争日記」）。となると軍議は当然のこととして、つぎにどこへ突出すべきか、というテーマになる。

その軍議の結果を『遊撃隊起終録』は、

「甲府を根城として同盟（者）を相招き、江戸を取り返すべし」

と「議論一変」したというが、この要約は少々正確さに欠ける。忠崇たちの目的は東海道筋の佐幕派諸藩の糾合にあり、同盟を期待できる沼津藩主水野忠敬《ただのり》は、甲府城代に任じられて甲府城に入っていた。すなわち当初の目的と甲府行きとは、かならずしも矛盾するものではなかったのである。


その後の一行の足取りを、「一夢林翁戊辰出陣記」は左のように記している。

閏四月十六日。韮山出発、三島を経て御殿場《ごてんば》着。

十九日。御殿場出発、富士山の裾野を東から北へまわりこんで川口着。

二十日。川口出発、御坂山《みさかやま》を北に越えて、甲府へ四里の黒駒《くろこま》着。閏四月末日まで同地に滞陣。

この間に起こった最大の出来事は、十六日夜に旧幕府精鋭隊頭の山岡鉄舟が田安慶頼《よしより》の使者として御殿場へあらわれ、忠崇たちに兵を引くよう求めたことであった。徳川御三卿のひとつ田安家当主の慶頼は、江戸城明けわたしの時から徳川家代表として新政府との折衝に当たっていた者だが、このころになってようやく新政府と田安家とは忠崇一行の動きに気づいたと見える。

「田安殿は我等の主君に非ず」(『人見寧履歴書』)

だからその命令にしたがう必要はない、と人見が山岡鉄舟の要求を拒んだため、一時は大論争になりかけた。しかし双方互いに譲り合い、鉄舟は忠崇たちの「脱走挙兵の趣意書」(同)を東海道先鋒総督府参謀海江田《かえだ》武次(信義《のぶよし》)へ届け、その反応を伝えると確約。忠崇側はその回答を待ち、十日間は黒駒から動かないと誓った。

この「脱走挙兵の趣意書」も「一夢林翁戊辰出陣記」に掲載されているが、鉄舟が去るのと前後して起草された東海道筋の諸藩への檄文《げきぶん》とほぼ同趣旨であり、後者の方がわかりやすいので、いまはこちらを引いておく。

尾州は徳川氏の末家にして兵を出だし、その宗家を討たんとし、彦根の如き（は）臣下にして出兵、その君を討たん（と）す。人倫を壊《やぶ》り、王政維新の聖旨にも背く者たり。微臣ら徳川宗家の者にして、臣下の情、傍観坐視するに堪えず、成敗《せいはい》（成功か失敗か）を顧みず挙兵、尾・彦の罪を問わんと（す）。請う、同盟せられん事を。（『人見寧履歴書』）

この檄文が利《き》いたのだろう、黒駒在陣中に駿府勤番の与力蔭山頼母《たのも》を長とする三十余人と、岡崎藩医和多田貢とその同志二十余人、甲州の農民、猟師たちも参加したため、忠崇たちは三百人近い兵力となった。

そのおよその人名は請西藩から参加した渡辺勝造の「出陣日記」にあきらかであり、この記録を私なりに整理すると人員はつぎのようになる。なお「徳川脱藩」というと徳川幕府は藩ではないといいわれそうだが、旗本御家人からの江戸脱走組は、そのように称したことが各史料によって裏づけられる。

〈第一軍〉

隊　　長　人見勝太郎。以下徳川脱藩十、駿府脱藩二、従者二。

同一番小隊　福井小左衛門。以下勝山脱藩二十六、従者二、小者三。

同二番小隊　滝沢研三。以下前橋脱藩二十三、小者一。

〈第二軍〉
隊　長　伊庭八郎。以下徳川脱藩十一、従者二。
同一番小隊　前田条三郎。以下徳川脱藩十五。
同二番小隊　蔭山頼母。以下駿府脱藩二十五、小者九。
〈第三軍〉
隊　長　和多田貢。以下岡崎脱藩二十二、小者二。
〈第四軍〉
隊　長　林忠崇。以下請西脱藩五十八、小者二。
〈第五軍〉
隊　長　山高鎮三郎。
同一番小隊　山田市郎右衛門。以下館山脱藩十四。
同二番小隊　大出《おおいで》鋠之《しんの》助《すけ》。以下飯野脱藩十九。
ほかに参軍（参謀）の職が置かれ、これには第五軍の隊長山高鎮三郎以下五名が選ばれた。軍目（目付）や輜重《しちょう》係も設けられ、参軍・軍目や輜重係の小合計は二十五人。第一軍から第五軍までの兵力にこれを加えると、二百七十三人の部隊となる（「出陣日記」は二百七十五人とするが、館山から帰郷させられた者も算入している)。

ちなみにこれまでは遊撃隊と請西藩士隊その他の混成部隊を「忠崇一行」などと表現してきたが、これ以降遊撃隊ということばは第一軍から第五軍までと参軍以下もふくむ全軍の部隊名として用いられる。だから筆者もこれからは、忠崇ひきいる請西藩士たちは遊撃隊の一部となったものとして記述しよう。

ところでこれだけの兵力を行軍ないし滞陣させるには、それ相応の費用が必要になる。遊撃隊の軍資金がどれくらいのものだったかを「出陣日記」で押さえておくと、左のような献金のあったことが「覚《おぼえ》」としてメモされている。

前橋藩から五百両、佐貫藩から三百両、近江三上《みかみ》藩から二百両、そして小田原藩から三千両と「器械、塩、菜、梅干、薪炭まで」。

もって小田原藩の焦りようが知れるが、三上藩主遠藤胤城《たねしろ》は菊の間詰めだから忠崇とはよく顔を合わせており、そのよしみで二百両送ってきたのだろう。ほかに、林家の元老女で今は引退している万里小路局《までのこうじのつぼね》からも百両を送ってきたので、入金合計は韮山代官所からの一千両を合わせて五千百両。

請西藩から出された額と遊撃隊がはじめから持っていた額の記載のないのが惜しまれるものの、

一両を一万円とかなり低めに見つもっても、遊撃隊は五千百万円と短期間にかなりの軍資金を集めたことになる。

先ごめライフル式単発銃のミニエー銃は、各自持ち寄ったものを合わせて四百七十五挺。大砲も二門あり、旗印は第一軍と第五軍が白地日の丸、第二軍が白地に葵《あおい》の紋所、第三軍がやはり白地に「東照宮大権現」の大文字、第四軍は白地に赤く「丸の内三頭左巴に下一文字」を染め出した請西藩旗を翻していた。

銃弾箱、長持、雨具、陣幕などの運搬役として雇われた人足は百六十九人、馬は一匹とのメモも残る。総合計四百四十二人にものぼる人数が黒駒に集結した光景は、なかなか壮観なものであったろう。

田安家の江戸帰還説得を拒否

この黒駒の宿に田安慶頼の使者として、石坂周三と水沢某がやってきたのは閏四月二十六日から二十七日にかけてのこと（「慶応戊辰戦争日記」）。幕臣石坂周三は山岡鉄舟の友人だから、このふたりは鉄舟の代理だったと考えられる。

しかし、田安慶頼の伝言は江戸へもどれと命じるばかりで、「脱走挙兵の趣意書」を海江田武次へ届けたのかどうかもわからなかった。あまつさえ石坂が、田安家からの手当てとしてたった百両を差し出したため、応対した請西藩士大野友弥が立腹。

「主人昌之助、お届けつかまつらず国元出立にて、かれこれ御配意恐縮の至り、その上かく御送物にてなおさら恐れ入るところなり。国元出立の節いささかの用意もあり、その余の金幣《きんぺい》貯うる倉庫なし」（「慶応戊辰戦争日記」）

とつっぱねたので、石坂たちは赤面して去っていった。

こうなっては、予定通り甲府城を奪取するのみである。五月一日早朝、遊撃隊全軍が出動して甲府をめざしたところ、甲府城代水野忠敬《ただのり》の使者があらわれて交渉となり、その結果遊撃隊はとりあえず甲府進撃を中止して沼津へむかうことになった。

「一夢林翁戊辰出陣記」はその理由を、

「なお十日を期して後命を待つ」

と決めたためだったとする。対して『人見寧履歴書』は、

「おりから江戸にある同志より急報あり、彰義《しょうぎ》隊その他諸藩の脱兵多数上野（へ）集合し、不日開戦に至らんと。ここにおいて評議の結果、この山間僻地にあっては進退に不便たり、沼津に引返し、さらに方向を定めんと一決」

と、彰義隊と東西に相呼応して蜂起する戦略に切り換えたように書いている。

いずれにせよ沼津へ転陣することになったというのは、沼津藩主水野忠敬がそうしてくれるよう勧誘したとしか考えられない。おそらく水野は任地の甲府で遊撃隊に騒動を起こされてはたまらないと考え、小田原藩同様、丁重にお引き取りいただくという策に出たのであろう。

五月二日に黒駒を発った遊撃隊が、富士山の北から南へ大移動して沼津へ入ったのは五日のこと。

「(沼津)滞陣中、三飯はもちろん、その他ことごと(すべて)沼津藩の懇切到らざるところなし」(「一夢林翁戊辰出陣記」)

とあるところを見ると、ひとのいい忠崇たちはまたしてもうまく乗せられてしまったようだ。

こうして遊撃隊が沼津の東郊、香貫《かぬき》村の霊山寺《りょうぜんじ》を宿舎としている間にも、新政府軍の本営である大総督府はその行方を追っていた。

五月六日、大総督府は鳥取藩士中井正勝と佐土原《さどわら》藩士三雲種方を伊豆・相模両国に、また大村藩士和田勇を沼津へ軍監として発向させた。中井・三雲の出張目的は、小田原藩と韮山代官所に対し、

「残賊林昌之助以下脱走の者、その領内まかり通り候節、不都合の儀もこれあり候趣相聞こえ、

いかがの事に候」（「東海道戦記」『復古記』第十冊）
　と実情調査をすることにあった。
　和田勇の出張目的は「監察のため」としか書かれていないが、これも遊撃隊が沼津へ移動したと知り、その事情をチェックしておく必要を感じたために違いない。和田はすみやかに沼津に至り、肴屋《さかなや》という屋号の旅館に入った。

雨中の箱根関所争奪戦

　そのころ沼津は連日雨が降りしきり、城下を流れる狩野《かの》川も氾濫の様相を呈した。

　そんななかで和田勇と数名の大村藩士たちの到着はいつか遊撃隊の知るところとなり、岡崎脱藩者からなる第三軍の一部が和田襲撃の機会を狙いはじめた。旧岡崎藩士寺井克己の「岡崎脱藩士戊辰戦争記略」によれば、肴屋は江戸と岡崎とを往復する同藩士たちのよく泊まる宿であったため、「内外を知悉《ちしつ》」する者が多かったのである。

　ついで五月十五日となり、上野の山内に籠っていた彰義隊は一日にして壊滅した。しかし十七日、江戸から霊山寺へ帰ってきた第一軍の兵が人見勝太郎に告げたのは、

「（十五日）払暁、上野戦争起こり、府内大騒乱なり」（『人見寧履歴書』）

ということろまでで、まだ勝敗は伝わらなかった。

結果としてこの情報の遅れが、遊撃隊をついに激発させることになる。十八日深夜あるいは十九日未明、豪雨のなかを岡崎脱藩の松田宇右衛門ら四、五名が肴屋へ忍び入り、和田勇と思いこんでその部下ひとりを刺殺するという事件を起こした。和田は、走って沼津城へ逃れた。

おなじころ、人見たち第一軍と和多田貢の第三軍も単独行動に移っていた。彰義隊が奮戦しているうちに東西呼応して蜂起しなければ、と思い定めた両軍は、箱根の関所の占拠をめざしたのである。

香貫村から箱根へ走るには、まず徳倉《とくら》街道を下徳倉まで北上し、渡し舟で狩野川を渡って北岸の湯川村へ出なければならない。湯川村は東海道上にあって、三島へは一里あまり。三島—箱根間は峻険な山道ながら三里二十八町だから、香貫村から箱根までの行程はおよそ半日と見こんでおけばよい。

大氾濫の狩野川を無我夢中で渡河した第一軍と第三軍は、三島に設けられていた新政府側の関所を小競り合いの末に突破し、正午過ぎには三島から二里箱根寄りの山中宿に休息することができた。

両軍は朝食も昼食も食べていないから茶店に入って腹ごしらえをしたのだが、この時人見は茶店のなかで京から帰国途中の米沢藩士小島龍三郎（のちの雲井龍雄《たつお》）と初めて顔を合わせた。両者の会話は後述することにしてさらに両軍の動きを追うと、人見と和多田たちはその後まっすぐ進んで芦の湖東南の岸辺にひらけた箱根の宿に入っていった。

箱根宿の旅籠《はたご》数は、当時約百五十軒。三島・山中宿側から登ってきて芦川町の先を左へ折れ、三島町、小田原町を過ぎれば突き当たりに高札場があり、その前を左折して新町を抜ければ関所にぶつかる（中村静夫『箱根宿歴史地図』）。街道はこの宿場内でコの字型に屈曲し、芦の湖を迂回して関所へ流れこむのである。

人見たちがこの宿場において関所には小田原藩兵三百が守備についていると聞き出したのは、すでに夕陽の時刻。それまでには香貫村残留の遊撃隊第二軍、第四軍、第五軍ほかも、第一軍と第三軍を追って動き出していた。

林忠崇たちが人見や和多田たちの独断専行に気づいたのは、「巳の刻（午前十時）頃」（「一夢林翁戊辰出陣記」）のことであった。忠崇や伊庭八郎は人見たちを、

「令なくして猥りに進退すべからず」

とある遊撃隊軍令状に違反した罪に問うこともできた。だが、衆議すると、

「抜駆《ぬけがけ》は軍律に違《たが》うといえども、一軍敗失あらば是《これ》全軍の敝也《ついえ》」（同）

との声が大勢を占めたため、総力をあげて第一軍、第三軍を追求することに決まったのである。

忠崇たちの出発は、「巳の半刻（午前十一時）」のこと。かれらは同日中に首尾よく合流を果たすことになるのだが、その前に人見たちは箱根の関所守備の小田原藩兵たちとの戦闘に踏みきっていた。

その前段は、関所からあらわれた小田原藩の目付が人見たちにこう申し入れたことにある。

「弊藩、朝令を奉じてこの関所を護《まも》る。土州、大村その他の藩士数名、監軍として来たりおり、元箱根村にあり。厳命を下し、貴隊を討掃せよと督促急なりといえども、弊藩貴隊と干戈《かんか》を交ゆるを欲せず。間道を教導するゆえ関所を避け、これを通行ありたし」（『人見寧履歴書』）

監軍とは軍監とおなじ意味で、すでに名前の出た鳥取藩士中井正勝、佐土原藩士三雲種方らのことを差している。

事なかれ主義の目付に対し、人見は答えた。

「上野に変あり。臣下の情、急行せざるを得ず。多数の兵員、輜重等、間道を迂回して行く事はとても叶わず。あえて通行を許されん事を請う。もし貴藩において兵力をもって拒まんとせらる時は、止むを得ず応戦して志望を遂げん覚悟たり」（同）

交渉は、これによって打ち切られた。ついで黄昏《たそがれ》時、関所内から大砲が数発発射されたことから、ついに人見たちも応戦を開始したのである。第一軍所属の沢六三郎が援軍を求めて早駕籠で三島へ下ったところ、その一里手前で林忠崇と鉢合わせする一幕があり、忠崇たちも山中宿に本営を置いて第一軍、第三軍に加勢することになった。

小田原戦争

一方は関所内に籠り、他方は宿場内に散っての銃砲戦だから、なかなか勝敗は定まらなかった。しかし戦いが長引いた原因のひとつは、遊撃隊側が箱根宿に発生した火事を消し止めようと努力しつづけたことに求められるかも知れない。

小田原藩側は関所から兵を出し、家並に火つけして遊撃隊の盾となる建造物を焼き尽くそうとした。それに対し「義軍」遊撃隊は地元民に迷惑をかけてはならないと考えて、消火にも人数を割きながら戦いつづけたのである。これは投降者の虐殺、略奪行為、婦女の拉致などの犯罪行為のめだった一連の戊辰戦争にあっては、まことに珍しい行動といえよう。

さて戦闘経過に話題をもどすと、いつ果てるとも知れなかったこの日の箱根の関所争奪戦は、翌二十日の「寅《とら》の刻（午前四時）過ぐる比《ころ》」小田原藩側が発砲中止を請うたことによって幕となった。

戦いのさなかに小田原藩の藩論は一変して佐幕と決し、関所守備兵力の隊長吉野大炊介《おおいのすけ》は遊撃隊を関所内に迎えることにした。そのため遊撃隊は人見の計画通り、一日にして箱根の関所を制圧することができたのであった。

「駅民これを喜び、謝恩のため餅数器を贈り越す」(「一夢林翁戊辰出陣記」)

と忠崇が書いているのは、遊撃隊の消火活動を地元住民たちが多としていたことを示してあまりある。

同日夜明け前、吉野大炊介らをさらに督戦すべく小田原口から関所をめざした中井正勝ほか二名は、人見の放った遊撃隊士によって斬られ、三雲種方は海路江戸へ逃れた。また小田原城下では、佐幕派の藩士二名が城下滞在中の土佐出身の軍監吉井顕蔵を斬っていた。

同日中に遊撃隊は、小田原藩主大久保忠礼に招かれて小田原城に入城。軍事全般にわたって指揮してくれるよう依頼されたから、佐幕派藩士たちの目に遊撃隊の行動は、

「小田原の義挙」(関重麿「戊辰国難記」)

と映りはじめていた。

なぜ小田原藩がにわかに藩論を佐幕に変えたか、という問題については、右の引用文献にいささかの解説がある。

小田原在宿の軍監、天威を藉《か》り（朝廷の権威をふりかざし）、下に臨み専恣《せんし》甚しく、至ればただちに軍用金を要請す。士人大いに不平、……。

木更津入りした撤兵隊がその粗暴さによって人心を得られなかったように、小田原入りした新政府軍軍監たちも威丈高な態度に終始したものらしい。

しかし遊撃隊が箱根を奪って天下の形勢を観望する間に、箱根の関所失陥の飛報は江戸の大総督府に伝えられていた。

これを報じたのは、小田原から逃走することに成功した三雲種方。二十三日、大総督府は参謀の穂波経度《つねのり》を問罪使とし、その下に長州・鳥取・津・岡山の藩兵からなる問罪軍を編成して小田原へ急行させることにした。

その命令書にいう。

相州箱根辺賊徒蜂起につき、唯今より小田原表へ出張仰せつけられ条、藩々申し合わせ、すみやかに鏖賊《おうぞく》候よう尽力致すべき旨、御沙汰候事。（「東海道戦記」）

ここに至って林忠崇たちは、ついに天下の「賊徒」とみなされることになったのである。

たまたま江戸に出てきていて問罪軍の派遣をいち早く知った小田原藩士に、中垣謙斎という儒者がいた。謙斎はむろん、彰義隊が十五日のうちに潰滅したことを知っている。謙斎が急ぎ小田原城へ帰って主君大久保忠礼に勤王の大義を説いたところ、忠礼はこのままでは滅藩処分とされかねないと思ったのだろう、ふたたび新政府への帰順を認め、自分は菩提寺の本源寺に入って謹慎してしまった。

日付が特定しきれないのは残念ながら、これはおそらく二十四日のうちの出来事で、二十五日、伊庭八郎や和多田貢が小田原藩と協力して江戸へ進撃する打ち合わせのために箱根から城内へ姿を見せた時、「藩の有司」はすでに「首鼠両端《しゆそりようたん》、曖昧の言」によって応じるばかりであった（『千葉県君津郡誌』上巻）。

のみならず、小田原藩側は金千五百両、玄米二百俵、酒二十駄、兵器・弾薬・銃丸などを遊撃隊に贈って一時を糊塗しようとした。それを見た伊庭八郎は、

「反覆再三怯懦《きようだ》千万、堂々たる十一万石中また一人の男児なきか」（「岡崎脱藩士戊辰戦争記略」）

と憫笑《びんしよう》して箱根の宿へもどっていった。

あいにくこの日、人見勝太郎はまだ江戸湾品川沖にいる開陽丸へ加勢を求めにいっていて、不在であった。すでに伊庭と林忠崇も相呼応すべき彰義隊が一日にして崩壊したことを知っていたが、もはや引くに引けない形勢に立ち至っている。

軍議の結果、遊撃隊は北東へ流れる須雲《すくも》川ぞいに湯本へ降りて台の茶屋に本陣を置き、第一軍、

第二軍はさらに小田原寄りに進出して山崎《やまさき》に布陣することになった。山崎は小田原へ一里、須雲川の合流した早川の左岸にあって、北に塔ノ峰へとつづく深山を背負った山あいの宿場町である。おなじ二十五日のうちには、前記の問罪軍が小田原に進出。小田原藩に恭順の証しを立てるため独力で遊撃隊を討つよう命じたので、二十六日、いわゆる「戊辰箱根戦争」はいよいよ開戦の時を迎えた。

箱根戦争の顚末

以下この戦争について解説したいところだが、これに関して私は小説『遊撃隊始末』中で詳述したことがある。おなじ筆法をとっていると、三十ページ以上の枚数が必要になってしまう。また本書の目的は戊辰戦史を語ることではなく林忠崇の人生を眺めることにあるので、戦闘概要は定評ある戦史の引用をもって代えさせていただく。

大山柏『戊辰役戦史』第四編第三章、「房総の戦闘および林忠崇の策動」の一節にいう。

……翌二十六日小田原藩は出兵し（兵力未詳、恐らく一大隊＝原注）、藩士等は内心不本意ながらも、昨日までの友軍を討伐することとなった。

戦闘は山崎（原注略）で起こった。林軍（遊撃隊全体のこと＝筆者注）はすでに小田原の寝返りを諜知《ちょうち》し、山崎付近に胸墻《きょうしょう》を築いて堅固に守備した。小田原藩の背叛は林軍にとっては甚だしい不信行為で、全員悉《ことごと》く怒りに耐えないところである。従って山崎における小田原兵の攻撃に対し林軍は実によく戦い、何の容赦もなく小田原兵を狙撃した。洋式訓練も未熟で小銃もまちまちな林軍だが、怒りに燃えた抗戦に小田原兵はタジタジとなったが、後方に督戦隊（問罪軍＝筆者注）がいるので変な真似はできない。戦意はなくとも止むを得ず戦闘を続けたが、死傷が続出し、戦死五、戦傷二十八を出した。

一大隊は、旧幕府採用のフランス式軍制における戦列軽歩兵の場合であれば二百五十六名。これは、遊撃隊の兵数にほぼ等しい。遊撃隊は、戦意に勝る分だけ小田原兵を圧倒したのである。

だが、緒戦の優勢はそう長くはつづかなかった。

「小田原藩恭順見届け」と称して後方に控えておった（問罪軍の）四藩兵は余りにも戦果が挙がらないので、ついに加勢をはじめ、日没近く山崎の敵陣地に突入、これを占領した。敵は箱根関門に退却したので、山崎村に小田原兵、風祭村《かざまつり》（小田原の西二キロ、東海道上＝原注）に長、因州兵、小田原には備前と津兵が宿営した。（同）

問罪軍の兵力については「東海道戦記」にも記載がないが、二千五百とする説がある。二千七百有余対二百七十三。この兵力差によって遊撃隊は山崎の胸墻陣地を突破され、箱根の関所へ撤

奮戦する伊庭八郎　右手を斬られたように描かれているが実際は左手

退せざるを得なくなったのだった。

この戦いのさなかに、遊撃隊の隊長のうちにも重傷を負った者がいた。第二軍をひきいて奮闘していた伊庭八郎である。

ともに戦っていた第三軍の隊長、和多田貢の証言、――。

午後二時、両軍しきりに発砲す。既にして西軍（問罪軍）潮のごとく来たり、四面皆敵、伊庭八郎囲みを脱して三枚橋（早川に架けられた橋）に到る。時に兵士の旗を水上《みなかみ》に樹《た》て、我官軍（遊撃隊の）堀屋良輔の名を喚《よば》わり来たる。八郎望み見て、もって我兵と為《な》す。近づけば、即ち敵なり。一人八郎を撃ちて、（別の一人が走り寄り）その左腕を断つ。（「岡崎脱藩士戊辰戦争記略」）

味方と錯覚して敵の一隊に近づいてしまった伊庭八郎は、腰に被弾。よろめいたところに高橋藤太郎という小田原兵が背後から駆け寄り、八郎の左手首を斬ったのである。

これによって八郎は左手首がぶらぶらになってしまったが、なおも、闘志に衰えはない。つづけて襲いかかった敵兵数人を右手片手斬りによって倒すや、三枚橋の中央に仁王立ちしてつぎの敵を待った。敵は驚いて、もう近づこうとはしなかった。

八郎みずからその創《きず》を吮《す》う。血迸《ほとばし》りて止まず。我藩（岡崎脱藩）の傭僕重兵衛後《おく》れて到り、之を扶《たす》く。（同）

阿修羅のようなこの姿はやがて江戸へ伝えられ、

「伊庭は百人斬り、しかも一太刀ずつでやった」（東京日日新聞社会部編『戊辰物語』）

という噂と化して徳川家贔屓《びいき》の江戸っ子たちの血を騒がせることになる。

しかし、八郎の力戦もここまでであった。八郎は戸板に乗せられて箱根の関所の東北一里、畑《はた》宿《じゅく》にあった林忠崇たち第四軍と合流。ここで左手首の切断手術を受け、あけて二十七日、遊撃隊は全軍関所内に入って今後の方針を軍議した。

熱海へ敗走する

二十六日のうちには、松代・浜松・沼津・高遠《たかとお》・佐土原の各藩兵からなる第二問罪軍も三島口から中山宿へと迫ってきていたから、遊撃隊にとって時間はない。

檜山省吾「慶応戊辰戦争日記」に、

「君公、此処《ここ》にて御討死《おうちじに》と定められし」

とあるところを見ると、忠崇も一時は死を覚悟したようである。第三軍和多田貢の配下にも、

「吾輩、此処に留《とど》まりて死せん」（「岡崎脱藩士戊辰戦争記略」）

と主張する者があったが、これらの声に対して声涙ともに下らんばかりの弁を振るった人物がいた。元からの遊撃隊士岡田斧吉。

岡田は、粛然として意見を述べた。

吾輩の望む所は唯京都に於ける君側の奸を誅し、以て徳川氏を恢復するにあるのみ。徒《いたず》らに此処に憤死するは、是《これ》大節に死するを知らざるもの。如《し》かず、海に航して房総に往《ゆ》き、再挙を謀らんには。房総に敗れんか、奥州に往かん。奥州に敗れんか、蝦夷《えぞ》（北海道）に往かん。

（同）

全員「概《(慨)》然として」（同）この意見に服したため、遊撃隊は全軍退却と決定。忠崇の「一夢林翁戊辰出陣記」によれば「昼九つ時（十二時）頃」より箱根から間道を下り、「夕七つ時（四時）

過ぎ」熱海に着いた。

この脱出行に遅れた隊士たちのうちからは死傷者も出たが、ためらっていては小田原口、三島口の双方から迫った両問罪軍に挟み撃ちされたのはあきらかだから、遊撃隊は判断よろしきを得て虎口《ここう》を逃れることに成功したと見たい。

なお大正六年（一九一七）十二月発表の「戊辰戦役合祭者調《しらべ》」（『林侯家関係資料集』）によれば、問罪軍および小田原藩側の死者の数は、小田原出張中に斬られた軍監たちと一時遊撃隊に通じた罪によって切腹させられた小田原家老ふたり（岩瀬大江進《おおえのしん》、渡辺了叟）とをふくめて三十三名。遊撃隊側のそれは、三十一名であった。

後者の三十一名という数字に異説はあるが、彼我の兵力があまりに隔絶していたにもかかわらず、死者の数に大差がなかったことは動かない。これは、いかに遊撃隊が力戦したかを物語ってあまりある。箱根の関所を遮断し、江戸へ集中しつつある新政府軍の流れを分断してしまう、という戦略眼にも戊辰戦史上注目すべき非凡さがあった。

にもかかわらず遊撃隊が敗北した原因として、大山柏『戊辰役戦史』はつぎの二点をあげている。

第一に「上野彰義隊の潰滅が余りにも早かったこと」。第二は「自己の兵力が寡少に過ぎ、戦力の発揮が不十分であったこと」。

これにあえて第三の理由をつけ加えるならば、それは榎本武揚のひきいる旧幕府海軍が、人見勝太郎から応援を乞われたにもかかわらずついに動かなかったことであろう。

その人見は、遊撃隊が退去した直後に箱根宿にもどってきたものの、宿場の者たちが本隊の移動コースを教えてくれたため、無事熱海で同志たちに再会することができた。

およそ撤退行は、旧満洲からの引き揚げ者たちの記録からもあきらかなように、風声鶴唳《ふうせいかくれい》にも驚くというかたちになりがちなものである。遊撃隊の場合、そうはならず粛々と熱海へ落ちることができたのは、箱根宿の者たちに対する金銭の支払いがみごとなほど完璧だったためかも知れない。

撤退の直前に、

「旅亭の主人より薪商、豆腐商、輿丁《よちょう》（駕籠屋）の末に至るまで厚く酬《むく》い、且《かつ》価を倍にして負うところの債をことごとく償い」

とは、「岡崎脱藩士戊辰戦争記略」の記録するところ。請西藩士渡辺勝造の「出陣日記」にも、

「箱根引揚につき宿駕一丁／豆州熱海まで五両、そのほか（の）相場、道程四里半、長持一棹《ひとさお》十弐両、十三両程の価」

との「覚《おぼえ》」がある。

遊撃隊は支払いの綺麗な部隊だったからこそ、地元民たちの恨みを買わなかった。そればかりか問罪軍に対して動きを密告する者もあらわれなかったため、算を乱すことなく箱根を去ることができたのであろう。

ちなみに林忠崇は、この戊辰箱根戦争の間、伊庭八郎のように最前線に出て白刃を振るうことはなかった。忠崇は脱藩者とはいえ大名だから、つねに本陣にあって総司令官のような役割をつとめていた。

「一夢林翁戊辰出陣記」にもこの時の忠崇の心理は書かれていないが、人見勝太郎は再会した伊庭八郎との会話を書き止めている。

八郎は左手首から先を失ってもなお「意気壮然」としていたものの、人見が帰ってきたことに気づくと暗涙を飲んで語った。

「君の不在中、官軍小田原藩を先鋒として襲来、苦戦したれども甲斐無く、多くの同志を失い、面目なし」(『人見寧履歴書』)

思いは、忠崇もおなじだったと考えたい。

第四章

奥羽越列藩同盟に参加して

海路奥州をめざす

「遊撃隊」ということばは、古代中国ですでに用いられていた。その本義は、「ゲリラ戦術によって敵軍を攪乱する軍隊」（『日本国語大辞典』）という意味である。

本章では箱根の関所および箱根宿を捨てざるを得なくなり、文字通り「遊撃隊」と化してしまって以降の林忠崇の足どりを追ってゆく。

さて、慶応四年（一八六八）五月二十七日のうちに人見勝太郎は熱海の隣りの網代《あじろ》港へ走り、小型の押し送り舟一艘と大船三艘とを調達してきた。遊撃隊はこれらの船に分乗し、すでに追跡に移っているはずの問罪軍の手から逃れることにした。伊庭八郎は三人の供をつれて押し送り舟に乗り、沖合三里の距離にある初島へ潜伏。他は大船三艘に分乗し、館山へもどることになったのである。

大船三艘の出発は、同日「夜五つ時（八時）過ぎ」のこと。館山港へ入ったのは二十八日「払暁」のことであった、と忠崇は書いている。おりから西風が吹きつのったため速やかに相模灘を横断することができたのだが、一行が館山を出帆したのは閏四月十日のことだから、忠崇たちの夢はわずか一カ月半にして破れさったことになる。

しかし忠崇たちは、まだ意気沮喪してはいなかった。忠崇が館山港に旧幕府海軍の軍艦の一艘咸臨丸《かんりん》がいることに気づいて挨拶に出むくうち、ようやく人見が応援依頼におもむいた効果があらわれ、やはり旧幕府海軍所属の千代田形《ちよだがた》（軍艦）、長崎丸（運輸船）、大江丸（同）の三艘も入港してきた。

人見が長崎丸へゆくと、艦長古川節三は奥羽地方を経て庄内にむかう途中だ、と答えた。五月三日のうちに仙台、米沢両藩を盟主として会津藩救済のため奥羽越列藩同盟が結成されていたから、榎本武揚はその一員となった庄内藩の様子を見るため長崎丸を派遣しようと考えたのである。

これは、遊撃隊にとっては望外のことであった。

それでは、遊撃隊を奥州の平潟《ひらかた》（北茨城市、福島県との県境）まで乗せていってほしい。人見がそう頼みこむと、古川は快諾。隊士たちにも異論はなく、「奥州航海の儀」はここに「一決」した、と「一夢林翁戊辰出陣記」にある。

ここで思い出していただきたいのは、五月十九日に三島の関所を突破した人見が、山中宿の茶店で米沢藩士小島龍三郎こと雲井龍雄と出会ったことである。

その時、雲井龍雄は告げた。

「吾《わ》れ、藩命にて今般徴士《ちょうし》（貢士にほぼおなじ）に挙げられ京都に登り、太政官にて大官諸員に接し、鳥羽伏見戦争の顚末、当時の実況を審査したるに、まったく薩長二藩の権謀術数に出で、(薩長は)彼《か》れより発砲、戦端を開き、天子を擁して事を挙げ、徳川氏、会《かい》(会津)、桑《そう》(桑名)藩等を冤罪に陥れ、天下を欺かんとする奸賊たるを確認せり。よりて予は(略)、寡君《かくん》(主君)に具陳し、奥羽諸藩に檄《げき》を飛ばし同盟を画し、会津の囲みを解き薩長の二賊を討伐せんと期するものなり」(『人見寧履歴書』)

忠崇たち同様佐幕の肌合いの持ち主だった雲井は、いち早く奥羽越列藩同盟を構想した奇傑でもあったのである。

つづけてかれは、人見に対してこう申し入れもした。

「請う、君全軍を率いて海路を取り、常奥《じょうおう》(常陸国と陸奥国)の界《さかい》平潟港に至り、上陸して南奥諸藩の兵を鼓舞し呉れよ」(同)

すなわち雲井は、箱根の関所を奪取するより奥州に転戦すべきだ、と主張したのである。この時、人見は「既に活動中なれば」と答えざるを得なかったが、お互いを同志と認めあったため、

「将来の状況に因《よ》り、奥州に下向する事もあらん。其時は君に頼る所もあらん」(同)

とつけ加えた。

人見が長崎丸の古川艦長に対して平潟までの乗船を願ったのは、雲井との右のような会話がま

だ頭に残っていたために違いない。

ただし遊撃隊が長崎丸に乗せてもらうには、ひとつ大きな問題があった。

長崎丸については排水量三百四十一トン、百二十馬力、三本マストの鉄製汽船、という程度のデータしか残されておらず、乗組員定数はわからない（『幕末軍艦咸臨丸』）。しかし古川の示した判断によれば、この時点において長崎丸が乗組員以外に収容可能な人数は「百数拾人」でしかなかった。

対して遊撃隊の、黒駒集結時の人数は前述のごとく二百七十三人（人足を除く）。この数字から箱根戦争の死者三十一人と別行動をとった伊庭八郎ら四人とを引くと二百三十八人。その一割を傷病兵と見て同行不可能と考えても、なお二百十三人の隊士たちが存在していたことになる。うち百人近くは長崎丸に乗りきれない計算だから、忠崇や人見たちは行く者と残る者とを選別せざるを得なくなった。

老衰ならびに病兵等、悉《ことごと》く暇を遣《つかわ》す。（「一夢林翁戊辰出陣記」）

忠崇はことば少なに記すのみだが、実際に選別にあたった人見の方は、まず「総房各藩の同盟者」を集めて左のように説得した、と回想している。

人見は、丁重きわまる口調でいった。

「諸君、千辛万苦を嘗《な》め、死生以て我等を援助、尽瘁《じんすい》せられたるを感謝す。諸君と共に終始せん事を欲するも、事、今日に至り前途漠然、一定の成算あるに非ざるも、我等は諸君と異なり帰るに処なく、運命を天に任せて奥州に落ち行かんとす。且つ多数の兵員乗艦する能《あた》わず。止むを得ず諸君に分袂《ぶんべい》して、同盟を解散せんとす。諸君の郷土もあり、何卒《なにとぞ》余等の真情を諒《りょう》(と)せられ、帰省せられん事を乞う」(『人見寧履歴書』)

みずから封土を投げ棄ててしまった忠崇と請西藩士たち、および幕臣たちからなる元からの遊撃隊士たちは、もはや帰る家なき流浪の脱藩者集団にほかならない。それにくらべて佐貫藩、前橋藩富津陣屋、勝山藩、飯野藩、館山藩から参加した兵たちには、「郷土」がある。しかもその「郷土」も近いことから、人見たちはこのような選別に踏みきったのである。

「いったん家を棄て国を去り、貴隊に同盟従軍したるもの、今更分離(し)、家に帰るを欲せず。貴隊と進退をともにせん」(同)

と押して同行を乞う者が多かったのは、おなじ釜の飯を食してともに死線をくぐるうち、戦友意識がめばえていたためであろうか。

人見はかれらを懇々と諭し、ようやく同行者を「合計140名余」に絞りこむことができた。ちなみに、人見は百四十余名のうち請西藩士の人数を「林昌之助氏主従13名」と記している。

だがこれは、明確に記憶違いである。

小田原進出時点における請西藩士の数は、忠崇を除いて五十八人。渡辺勝造の「出陣日記」は、このうち箱根戦争の死者を六人、小田原残留者をひとり、帰郷する他藩士にならって「房州御《お》暇《いとま》」を申し出て去った者たちを十四名としている。ほかに「病死」とのみあっていつ死亡したのか不明の藩士もいるが、まだ忠崇には約三十名の請西藩士が供をしていたと考えられる。

いずれにしても、館山港再出発は六月一日夕刻のこと。翌日、天気は晴朗、海は静かで、忠崇もようやく日記に風景や同志の動きを描写するゆとりを見せた。

同二日、天気朗らかに風波穏やかにして洋中畳を敷けるが如く、名だたる銚子、鹿島（の）険灘《けんだん》もいずれにあると思うばかりなり。（略）また海上に游する大鳥を小銃にて打ち留めしにより、沢六三郎即時衣服を脱し、海中に飛び入り、ただちにこれを取り来たれり。（「一夢林翁戊辰出陣記」）

あけて三日、旧幕府海軍が新政府へ引きわたした軍艦が追跡してくる可能性があったため、長崎丸は平潟寄港を中止してさらに北方の小名浜港《おなはま》（福島県いわき市）に入ることにした。

小名浜着は「夕八つ時（午後二時）頃」（同）。古川艦長らと別れて下船した遊撃隊は、奥羽越列藩同盟の一員として磐城平《いわきたいら》藩領まで南下してきていた仙台藩士に迎えられ、初めて奥州の土を踏んだ。

請西藩領の没収

しかし忠崇が箱根から小名浜へと転戦する間に、請西藩林家は厳しい時代の風に曝されつつあった。

在京の請西藩家老鵜殿伝右衛門と田中兵左衛門が、二月中から朝廷に忠崇は病気と報じておいて、一方でその忠崇に「朝命に従い上京すべき旨」を再三申し入れていたことはすでに見た。ところが五月十七日——忠崇が沼津藩領香貫村から箱根へ進撃する二日前に、新政府は請西藩領の没収を宣言していたのである。

その前後の経緯を、ここで見ておくことにしよう。新政府が請西藩林家に対して断乎たる態度をもって臨むことにしたきっかけは、五月十七日、鵜殿伝右衛門と田中兵左衛門が連名で林家の家督を先代忠交《ただかた》の長男、藤助忠弘に相続させてほしい、と願い出たことにある。忠崇は忠交の兄忠旭の子、忠弘はかれから見れば従弟だが、このような相続方法は平時であれば珍しくはない。

だがこの願書は、あまりにもタイミングが悪かった。なにしろ新政府軍は、五月六日の時点で忠崇が小田原藩と韮山代官所の領内を通過して沼津藩領へ入ったことを知り、軍監和田勇を派遣。

同時に忠崇を、「残賊」と規定していた。

しかるに鵜殿・田中の願書は、

「方今伝聞仕り候えば、昌之助儀、在所（の）上総国請西陣屋自焼の上、脱走仕り候趣、もっとも何方《いずかた》よりも報知御座なく候間、虚実計り難く御座候」

と、なおも忠崇の脱走を認めないまま忠弘への家督相続を申し入れていた。

藩主の脱藩、陣屋の自焼とつづく驚天動地の事態を知った老臣ふたりの苦衷は、察するにあまりある。とはいえ新政府にとって忠崇の行動は許しがたいものであったから、ふたりの願いが聞き届けられるはずはなかった。

同日中に新政府は、「林昌之助」と「林昌之助家来」鵜殿・田中にあてて各一通の達し書きを与えた。むろん二通とも鵜殿・田中に手交されたのであろうが、「林昌之助」への文面は怒りに満ち満ちていた。

かねて勤王二念なき証書（を）差し出し置き候ところ、近来徳川亀之助（の）家来ども（のうち）心得違いの者へ与《くみ》し、領民を棄て、ともに脱走いたし候所業、まったく朝廷を欺きたてまつる。（略）これにより、まず領地召し上げられ、家来の者いっさい入京相成らぬ旨仰せ出され候事。

ただし、京都屋敷召し上げられ候事。（『復古記』第五冊）

これによって請西藩一万石の封土は没収となり、京都屋敷まで取りあげられてしまったのである。ということは、江戸の藩邸も接収されたものと思われる。

なお右の達し書きに出る「徳川亀之助」とは、閏四月二十九日、徳川御三卿のひとつ田安家から徳川宗家に入り、その十六代当主となっていた徳川家達《いえさと》のこと。新政府が徳川家の存続を認め、家達にその家督を相続させるところとなっていたからこそ、この一文は徳川脱藩者たちを「徳川亀之助（の）家来ども」と表現しているのである。

同時に鶉殿・田中両名に与えられた達し書きの方も、

「嘆願、御沙汰に及ばれず」（同）

つまり「お前たちの嘆願は取りあげない」と宣言。ただし林家の相続問題に関しては、

「藤助はじめ家来中、恐粛（縮）謹慎相尽くし、追って謝罪の道相立ち候上は、その節御沙汰の品もあらせらるべき旨」（同）

と、将来に含みを持たせる答え方をした。

ひらたくいえば「藤助（忠弘）への相続を認めるかどうかは、お前たちの態度次第だ」と、一種の〝保護観察〟期間を置いたということである。

その間に忠崇は戊辰箱根戦争を戦い、いったん館山へもどって奥羽越列藩同盟への加盟をめざしたわけである。

それでも鵜殿と田中は、まだ諦めなかった。六月三日付でふたりが朝廷へ提出した文書は、「お書きつけの趣、藤助儀謹んで承りたてまつり候」（同）

と、なおも林家が断絶処分になどされないよう必死で申し立てている。

林家の存続に賭けるふたりの思いがありありと伝わってくるが、このふたりにしても忠崇とまだ連絡がつかないことを述べる段になるとにわかに歯切れが悪くなる。

追々《おいおい》日数相立ち、御沙汰の趣（忠崇が）拝戴《はいたい》たてまつらぬ姿に相成り、いよいよもって恐れ入り候間、余儀なく私どもより伺いたてまつり候。進退切迫の段、御憐察成し下され、御差図のほど嘆願たてまつり候、以上。（同）

ふたりは主家たる林家と朝廷との間に挟まれ、もはや哀れみを乞うよりほかに手段のないところまで追いこまれていた。

対して朝廷の態度は、どこまでも厳しかった。六月四日付、「林昌之助家来へ」とある「再達し書き」にいう。

昌之助儀領民を棄て置き、脱走に及び、反復天朝を欺きたてまつり候につき、領地召し揚げられ、家来の者いっさい入京相成らざる旨、過日仰せ出され候ところ、追々昌之助（の）暴行相聞こえ、大久保加賀（加賀守の略、小田原藩主大久保忠礼のこと）等（を）賊徒に引き入れ、大総督宮軍監を斬殺致し候。大逆無道謂《い》うべからず。これによりて、早々誅伐の師（を）差し向けられ候。しかるにその方ども過日入京差し留められ候ところ、今もって猶予（退京遅延）これあるやにも聞こえ候間、只今より京地立ち退き候よう仰せ出され候事。

（同）

忠崇が請西藩および近隣の民に迷惑をかけてはならないと考えて真武根陣屋を去ったことも、新政府から見れば「領民を棄て置き、脱走」するという不埒《ふらち》な行為でしかなかった。忠崇が武備恭順の策をとり、藩士野口録蔵をつかってすぐには藩主みずから脱藩したと知れないよう偽装工作をしたことも、朝廷の目には「反復天朝を欺きたてまつり」たるものとしか映らなかった。

さらに小田原藩がいったん遊撃隊と手を結んだこと、中井正勝、吉井顕蔵ら新政府軍軍監が殺害されたことも忠崇のせいとされた。

朝廷はこの「再達し書き」によって、請西藩林家の領土没収を再確認。あわせて鵜殿、田中に退京を通告したため、請西藩側は交渉のパイプを絶たれてついに万事休した。かくて請西藩一万石は正式に地上から消滅し、林忠崇は大名という身分を失ったのである。

戊辰磐城戦争始まる

京でこのような文書が交わされていた六月四日、忠崇たち遊撃隊は磐城平城下の南方一里、湯本宿（常磐湯本温泉）に入り、新瀧という旅館に戦旅に疲れたからだを休めた。

小名浜から湯本へ移るに際しては、木村隼人、大野尚貞の両請西藩士が忠崇に暇乞いをして帰国するという一幕もあった。なぜ館山出港前ではなく、奥州入りしてから暇乞いしたのか。その理由はあきらかではないが、忠崇自身、「暇を乞いて南総に帰る」としか書いていないので、詮索は控えておきたい。

奥羽越列藩同盟の結成を知って以来、忠崇は漠然とではあるにせよ、

「伊達中将（仙台藩主伊達慶邦《よしくに》）の仙台城へ行かん」（「一夢林翁戊辰出陣記」）

と考えていた。

しかし、この日状況に大きな変化があった。

磐城方面にあって奥羽越列藩同盟の一翼を担っていたのは、磐城平藩三万石、泉藩二万石、湯《ゆ》長谷《ながや》藩一万五千石のいわゆる「磐城三藩」。仙台藩からは応援のため十四小隊約七百の兵力が派遣されていたが、乞われて遊撃隊は磐城三藩に協力することになったのである。

以後六月十六日までの十三日間、忠崇たちは湯本宿に滞在して磐城三藩および仙台藩代表との会談をつづけることになる。

磐城方面を南北に貫き、北の相馬中村城下（相馬市）を経て仙台藩領につづく街道は浜街道という。浜街道周辺に新政府軍はこれまでまったく進出していなかったから、奥羽越列藩同盟にはまだゆとりがあった。

そこで忠崇たちが動かずにいる間を利用し、忠崇以外の戊辰箱根戦争関係者に対する新政府の処分を眺めておこう。

まずは、わずかの期間とはいえ遊撃隊と手をむすんだ小田原藩の場合、——。

家老の岩瀬大江進は、六月十日、謝罪のために切腹して果てた。さらにこれは九月二十三日になってからのことだが、新政府軍軍監吉井顕蔵を斬った小泉彦蔵、山田龍兵衛の両藩士は鈴ヶ森で斬首され、おってもうひとりの家老渡辺了叟には切腹が命じられた。

つづいて藩主大久保忠礼は永蟄居《えいちっきょ》処分を受けて隠居させられたし、藩の石高自体も十一万三千百二十九石あまりから七万五千石へと落とされた。腰のふらつきつづけた小田原藩は、かなり高いツケを払わされたといえよう。

また沼津藩は領内から箱根へ進撃した遊撃隊を追討しなかった罪を問われ、隊長職にあった家老吉田喜左衛門の追放を通達された。

つぎに、遊撃隊に藩兵を参加させた房総諸藩の場合、――。

六月十二日、前橋藩は遊撃隊に歩卒二十人を差し出した責任者、白井《しろい》宣左衛門の首を新政府軍に差し出した。

同日、勝山藩は遊撃隊第一軍一番小隊を解散して帰国していた福井小左衛門、楯石作之丞の首を提出。飯野藩も第五軍二番小隊にあった野間銀次郎を同様に処分した。また、飯野藩の家老職にあった樋口弥一郎こと盛秀六十一歳は、左のような辞世を残して切腹した。


大幹や松の恵《めぐみ》の露受けて下草の木も育ちぬるかな（『三百藩家臣人名事典』第三巻）

「松」が松平、すなわち徳川幕府を差しているのはいうまでもない。われわれは徳川家の恩恵（松の恵み）を受けて育った下草のようなものだ。そのわれわれが徳川家のために兵を出したところで、なんら疚《やま》しいことはない、……。この辞世には、あえて抗戦に踏みきった佐幕派の心情が象徴的にあらわれている。

最後に、今日もファンの多い伊庭八郎の初島潜伏以後の足取りをたどっておこう。

月日は不明ながら、その後伊庭八郎は旧幕府海軍付属の病院船旭日丸に収容された。真っ青な顔をして左腕を押さえてはいたものの、

「ヤリソクナイマシタ」（「史談会記事」『旧幕府』合本五）

と江戸弁で語ったので、かえって周囲の者が驚いたという。

だが篠原という姓しか伝わらない医師が傷口を改めると、大変なことが判明した。おそらく消毒が不完全だったためであろう、かれの傷は腐りはじめていて、左肘の辺りから「切り直し」（同）をする必要を生じていたのである。

その再手術に際して八郎は麻酔を拒否、しかも「神色不変」（「伊庭氏世伝」）たる態度に終始して、ふたたび立ち会いの者たちを驚倒させた。その後かれは、船上で銃口を左肘の上に据えつけて射つ銃撃法を身につけ、もう一度戦場に出る機会のくることを願いつづけていた。

この伊庭八郎よりも一足早く、林忠崇はあらたな戦場にむかう運命にあった。六月十六日、海路北上してきた新政府軍がいよいよ平潟港へ上陸した、との急報が湯本へもたらされたことにより、浜街道方面は一気に緊迫の度を加えたのである。

『戊辰役戦史』によれば、この時出現した新政府軍は「薩（十二番、私領一番、同二番の三隊、四百七名）、大村（銃砲隊、百四十二名と砲一門）、佐土原（一番、四番の二銃隊と一番隊砲）の三藩

兵」約一千であった。

六月十二日、これらの兵は旧幕府から接収した軍艦富士山丸、薩摩藩所有の運輸船三邦丸ほか一艘に分乗して、品川沖を出発。十六日に平潟沖に達し、順次平潟村へボートを出しては村人たちを小銭や木村屋製ビスケットによって手なずけ、首尾よく全員を上陸させていた。

対して平潟警備の奥羽越列藩同盟軍は、仙台兵二小隊しかいない。戦わずして引きながら湯長谷藩の陣屋へ新政府軍来襲を伝えたので、ほど近い湯本にいた忠崇たちにもおのずと急は伝わったのだった。

しかしこれを座視していては、小藩でしかない磐城三藩が各個撃破されるのは目に見えている。ここから人見勝太郎と忠崇は、迅速に動いた。

惣軍繰り出し、夜四つ時（十時）頃、新田《しんでん》峠の辺にて仙兵、平兵の引き揚げ来たるに逢う。（略）是に於て新田宿まで全軍引き揚げ軍議を定め、明朝平潟進撃のことに決し、暫時兵を休らえて明くるを待つ。（「一夢林翁戊辰出陣記」）

あまり知名度のない地名が出てきたので地理を説明しておくと、浜街道は北の磐城平城下から南西へ湯本―舟尾《ふなお》―湯長谷―渡辺新田《わたなべしんでん》―植田《うえだ》―関田《せきた》―勿来関跡《なこそのせき》と下ってゆき、勿来関跡から東の街道へは平潟道が枝分かれして平潟港へとつづいてゆく。

忠崇のいう新田宿とは、渡辺新田のこと。その南に位置する新田峠は新田坂とも呼ばれ、浜街道有数の難所のひとつであった。

なお、忠崇が新田峠で「仙兵、平兵」に出会ったと書いているのはいささか正確性に欠けている。さらに南の関田には、磐城平、泉両藩の各半小隊が布陣していた。仙台兵二小隊は、これらの兵と合流して新田峠まで引いてきたのである。

あけて十七日払暁、忠崇たち同盟軍は平潟めざして南進を開始した。

我軍、殿《しんがり》して進行す。仙兵振るわず、人見勝太郎駆けて進ましむ。

遊撃隊のうち一隊、仙兵を牽《ひき》いて平潟の後山《うしろやま》へ進む。（同）

この記述から察するに、初め遊撃隊は全軍がひとかたまりとなってしんがり部隊をつとめていた。だが仙台兵の士気が低いと見て隊を二分し、忠崇がしんがり部隊の隊長、人見が先鋒隊の隊長と役割を分担したらしい。

すでに遊撃隊は五軍編成ではなくなっていたが、忠崇は元大名、人見は元をただせば下級御家人だから、この役割分担は当然といえる。

勿来関北側の勿来山を越えて「平潟の後山」――平潟港を北から半円形に包みこむ八幡山まで進出したのも、人見の率いる先鋒隊であった。ここでいよいよ銃撃戦が開始されたものの、多勢に無勢で、人見たちは平潟を奪回できない。

その間に仙台兵が「裏崩れ」（同）してしまい、八幡山の攻防戦は新政府軍側の勝利におわった。「裏崩れ」とは、最前線の兵たちが戦っているのに第二線以下の兵が逃げ散ってしまうことをいう。

死者ひとりを出した遊撃隊は関田まで引いて態勢立て直しを図ったが、「昼九つ時（十二時）頃」、新政府軍が追撃してくると同盟軍はまたしても潰走してしまった。

踏みとどまったのは遊撃隊のみと気づき、忠崇はかたわらの檜山省吾にも聞こえる声で慨嘆した。

「嗚呼《ああ》、情なき奥（州）兵かな。徳川の運これまでなり。我、此処にて戦死すべし」（「慶応戊辰戦争日記」）

最後に期待した奥羽越列藩同盟軍の不甲斐なき姿を間近に見て、忠崇はついに敵中に駆けこんで斬死《きりじに》しようと覚悟したのである。

この時、忠崇は馬にまたがっていたから、いうや否や抜刀し、馬腹を蹴ろうとしたものと思われる。その動きに素早く気づいたのは、片時もかたわらから離れずにいた六十五歳の請西藩家老北爪貢。

北爪貢は忠崇の乗馬の轡《くつわ》に取りすがり、涙を流しながらあるじを諌めた。

「徳川の御家名お取り立てなき上に、君お討死ありて誰か能《よ》く御再興を図るもののあるべきや」(同)

このやりとりを聞いた檜山省吾は、忠崇の代わりに吶喊《とつかん》しようと考えて進み出、

「一人兵を纏《まと》め、奇兵を用いて華々しく戦争致さん」(同)

と許しを求めた。

すると忠崇はすぐに檜山の覚悟を見抜き、静かに答えた。

「その義なれば、世に従いて、ひとまず此処を引き揚ぐべし」(同)

つづけて檜山は、「愚臣物の数にはこれなく候えども、肝に銘じて有難く、落涙止まず」と記録している。

戊辰戦争の奥羽越列藩同盟軍は結果として敗者となったため、賊徒、朝敵といったことばで語られることが今日も少なくない。だがそのなかには、このように純情な主従も混じっていたのであった。

さらにここで注目しておきたいのは、北爪貢が「徳川の御家名お取り立てなき上に」、つまり新政府は徳川家の存続をまだ確約していない、と語っていることである。

すでに見たように、新政府は閏四月二十九日の時点で徳川亀之助こと家達に徳川家の家名を相続させていた。ついで五月二十四日には、その封土を駿河を中心とする七十万石と決定していた（『復古記』第五冊）。

しかし林忠崇主従――のみならず遊撃隊は、なおそうとは知らず徳川家再興を目的として戦いつづけていたことになる。

この事実はいずれ忠崇が降伏を決断するにあたり、きわめて重要なポイントなるのでちょっと覚えておいていただけるとありがたい。

磐城諸城の陥落

この六月十七日の戦いでは岡崎脱藩の和多田貢ほか数名の遊撃隊士が戦死し、磐城平城へ兵を引いた忠崇と人見勝太郎は失望のあまり会津藩の若松城下（会津若松市）へゆくことを決意した。だが磐城平藩老公安藤鶴翁《かくおう》（元老中安藤信正）、仙台藩代表古田山三郎から強く慰留されてしまい、かれらは心ならずも浜街道方面で戦いつづけざるを得なくなった。

その後、新政府軍側には柳河《やながわ》兵三百十七名と岡山兵三百二名が参加し、計千六百の兵力となった。同盟軍側にも相馬中村兵七小隊、米沢兵三小隊、会津藩純義隊の四小隊などが来援したため、戊辰磐城戦争はいよいよ熾烈の度を増してゆく。

しかも二十四日から始まった八幡山の第二次戦闘の最中、同盟軍はまたしても潰走。遊撃隊も、新田峠まで後退することを余儀なくされた。

そして二十八日、その新田峠の攻防戦のさなかに、みたび同盟軍は瓦解した。

仙藩そのほか峠を守るの諸隊、いつか守りを棄て引き退き、我兵まったく孤立となる。敵兵次第に寄せ来たり、物間（彼我の距離）わずか十五、六間（二十七〜二十九メートル）まで詰め寄せしに、後ろの陵《おか》より敵兵両三輩（二、三名）出没して発砲す。我兵前後に敵を受け、味方の中を断ち切られしとて、前なる敵に目をかけず、後ろの敵に打ち掛け打ち掛け引き揚ぐるに、追い来たる敵丸あたかも驟雨《しゅうう》の降り来たるに異ならず。（「一夢林翁戊辰出陣記」）

その間に新政府軍は背後の渡辺新田までまわりこんでしまったので、忠崇主従も散り散りになって路傍の草原のなかへ逃れるしかなくなった。慶応四年六月二十八日は、新暦ならば八月十六日。夏草が盛んに生い茂っていたことにより、忠崇は九死に一生を得たものと思われる。

その逃避行を忠崇はつぎのように記録している。

人跡絶えたる山野を歩み、蘿《ら》（つたかずら）にとりつき峯に登り、木の根を便（頼）りに谷に下り、腰なる粮もつきたれば用意の乾鰹《ほしがつお》（鰹節）とり出し、渓《たに》の流れに喉を沾《うるお》し、辛き命を助かり

て翌二十九日朝より五人三人群れをなし、平の城に帰りける。（同）

山中を一晩中彷徨しつづけた大名というのも、珍しいのではあるまいか。

この日の遊撃隊戦死者は、大野禧十郎、大野静。重傷を負ったのは、小幡直次郎と水田万吉。以上はすべて請西藩士であった。

同日中には泉藩の泉城が落城、ついで二十九日には湯長谷陣屋も陥落したため、泉兵、湯長谷兵は磐城平城に入って磐城平兵とともに籠城準備にかかった。

しかしこうなっては、磐城方面の戦いの帰趨はもう見えている。遊撃隊は十七日以来連戦して疲れきっていたこともあり、相馬中村城下まで北上してしばらく休息する道を選んだ。

遊撃隊が磐城平城を出る前のことか、行軍に移ってからのことかはわからないが、檜山省吾はこの日の出来事としてつぎのように書いている。

　時に海軍の長榎本（武揚）より密使来たり、我公（忠崇）及び遊撃隊に密書を建す。参謀以下これを知らず。（略）徳川家七十万石にお取り立てありしと、軍事方当番へ御達しありしのみなりき。（「慶応戊辰戦争日記」）

檜山は請西藩軍事係だったから、特に忠崇からこれを告げられたのであろう。いずれにしても、忠崇は徳川家が七十万石の家格で存続することを、その決定から一ヵ月以上たった六月二十九日の時点でようやく知らされたのであった。

なお右の史料によれば、遊撃隊の兵力は請西藩士十九人、元からの遊撃隊士二十人、その他三十人のわずか六十九人になっていた。館山再出発時の百四十余人が六十九人と半減したのは、死傷者数だけでは説明がつかない。記録にあらわれない逃亡者も、少なからず存在したものと思われる。

さて相馬街道を北上した遊撃隊の、相馬中村城下着は七月七日のことであった。磐城平―相馬中村間は二十三里しかない。一日につき二里半ほどしか移動していない計算になるから、あきらかにこの旅自体が休養の意味を兼ねていた。

これを迎えた相馬中村六万石は、北に藩境を接する仙台六十二万石から圧力をかけられ、やむなく奥羽越列藩同盟に参加したに過ぎない。しかしすでに火中の栗を拾わされた格好だけに、数え十七歳の少年藩主相馬誠胤《ともたね》以下は一応一行を歓迎してくれた。

忠崇自身の回想がある。

相馬の中村に行つた時、土地の連中が「隊長はどんな奴だらう。ひとつのみつぶしてアラを拾ひ出してやらう」といふらしく、無闇に酒をのませられたことがある。何しろ、あちらは寒い国で、みな酒が強い。しまひには盃洗《はいせん》に酒をついで「大砲はいかゞでござる」と云つてさし出す。こちらも、負けない気になつて「結構でござる」とぐつとあけて、それを相手にかへすといふ具合だつた。若かつたから、我慢も強かつた。（「林遊撃隊長縦横談」）

おなじ談話のなかで忠崇が、

「剣客なんかは、酒をのまないとつきあへなかつた。今でも、軍人がよく酒をのむやうなものだらう」

といっているのも興味深い。右の「剣客」を人見勝太郎ら元からの遊撃隊士たちと考えれば、大名育ちの忠崇とかれらの間には微妙な気性の相違があったことになる。

とはいえ、相馬中村藩側から見れば遊撃隊は歴戦の勇者ぞろいであり、ミニエー銃（先ごめライフル銃）の操作や洋式銃隊の編成にも通暁していた。

一方、相馬中村藩の軍法は関ヶ原当時の旧態依然たるしろもので、まだ洋式銃隊も存在しなかった。これは、相馬中村藩に開明性が欠けていたという意味ではない。

振り返れば西国諸藩は、この五年間にさまざまな戦争を経験してきた。

文久三年（一八六三）五月、長州藩が下関でアメリカ、フランス、オランダ船を砲撃（下関攘夷戦）。

同年六月、アメリカ、フランスの軍艦が報復攻撃をおこない、下関の砲台を占拠。

同年七月、薩摩藩とイギリス艦隊の間に薩英戦争起こる。

慶応二年（一八六六）六月、幕府が第二次長州追討戦を開始。

このような戦いを経るごとに西国諸藩は、軍艦、アームストロング砲、ライフル式の洋銃などを購入して軍制改革にこれ努めてきた。対して関東以北には関ヶ原以来長く太平がつづいていたから、およその奥羽諸藩は軍制改革の必要を感じないまま戊辰戦争に際会したのである。

その相馬中村藩が遊撃隊に洋式銃隊戦術の指導を乞うたので、遊撃隊はこれを受けて藩兵の操練をおこなった。磐城平城が落城したのは、その間の七月十三日のことであった。

同盟瓦解の兆候

ただし忠崇と人見勝太郎とは、相馬中村城下にそう長くは滞在しなかった。

このころ、旧幕府若年寄並だった竹中重固《しげかた》は、会津へ亡命してなおも新政府軍に抗戦しようとしていた。その竹中から会津へくるよう依頼があったため、忠崇たちは会津行きを決意したのである。

人見は従者ひとりをつれて、十九日に出発。忠崇も北爪貢、吉田柳助、広部周助の請西藩重臣三人のみを従えて、二十日に早駕籠で相馬中村城下を離れた。ほかの隊士たちを残留させたのは、人見も忠崇も会津行きをごく短期間の出張と考えていたためであろう。

忠崇一行が若松城下へ入ったのは、二十三日。二十四日には竹中重固に面会、二十五日には鶴ヶ城へ入って松平容保に挨拶と、忠崇は脱藩者ながら元大名だけに多忙をきわめた。

しかし会津藩をめぐる状況も、日一日と厳しいものになりつつあった。奥羽越列藩同盟からは、二十五日のうちに越後新発田《しばた》藩が離脱。二十六日には陸奥三春《みはる》藩も白河口から進撃した新政府軍に降伏し、二十九日には会津藩と藩境を接する二本松《にほんまつ》藩の霞ヶ城も陥落した。同日中には越後長岡藩と新潟港も新政府軍の占領するところとなり、同盟は瓦解の兆候を見せはじめていた。

その二十九日のうちに人見は相馬中村城下へ帰っていったが、それと入れ違いに忠崇を訪ねてきた者がいた。仙台藩主伊達慶邦の側役《そばやく》国分平蔵が、慶邦の親書をたずさえてあらわれたのである。

「一夢林翁戊辰出陣記」に記載されているその文面は、あらましつぎのごとし。

尺素《せきそ》（短い手紙）呈上つかまつり候。（略）そもそも方今、尋常ならざる世態、誠に恐愕《(驚)》の至り、日夜痛心まかりあり申し候。さて岩《(磐)》城表にては毎戦御尽力（略）、感謝に堪えず候。しかるに拝眉を得、ぜひ御熟談、御賢慮に預りたく存じたてまつり候間（略）、何卒《なにとぞ》弊藩へ御来駕下されたく、ひとえに希《ねが》いたてまつり候。……

追伸に「人見氏はじめ御同行下されたく」ともあったから忠崇はその気になり、八月五日に会津を後にした。この時忠崇は吉田柳助を相馬中村へ連絡役として派遣、遅れてやってきていた檜山省吾と木村嘉七郎だけを供として、北爪貢と広部周助は若松城下に残留させている。

北爪、広部両人を残した理由を忠崇は「かねて会藩《かいはん》合併の志なれば」――もともと会津藩に合流して戦おうと考えていたため、と説明しているが、同書にこれまで忠崇が右のように願っていたことは書かれていない。

ここで思い出すのは、先代請西藩主林忠交《ただかた》が慶応三年六月に急逝するまで伏見奉行をつとめていたことである。伏見奉行は京都守護職として当時京にあった松平容保に協力すべき役職であり、忠交と容保は肥後守というおなじ受領《ずりょう》名を持っていた。

また会津藩の若松城下には前述の竹中重固のほかにも、桑名藩主松平定敬《さだあき》、備中松山藩主板倉勝静《かつきよ》（元老中）、唐津藩世子小笠原長行《ながみち》（同）、長岡藩主牧野忠訓《ただくに》、旧幕府歩兵奉行大鳥圭介、新選組の隊長土方歳三《ひじかたとしぞう》など錚々たるメンバーが集結していた。

これらの事情を勘案して、忠崇は会津入り後まもなく急速に会津援軍として戦うという考えに傾いたのではあるまいか。

なお忠崇の仙台行きについて注目しておきたいのは、八月十日に白石《しろいし》城に立ち寄ったかれが公現法親王《ほっしんのう》こと輪王寺宮能久親王《りんのうじのみやよしひさ》（のちの北白川宮）に拝謁したことである。五月十五日、上野に籠っていた彰義隊が潰滅した時、別名を「上野の宮さま」ともいわれる輪王寺宮はかろうじて東叡山を脱出。旧幕府海軍の長鯨《ちょうげい》丸に乗って平潟へ走り、奥羽越列藩同盟が結成されてからはその盟主と仰がれて白石城にあった。

だが、この謁見に先立つこと六日、八月四日のうちに相馬中村藩も新政府軍に降伏していた。それを知ってか知らずか請西藩士たちと合流しつつ十二日に白石―仙台間の岩沼《いわぬま》まで北上した忠崇は、ここで伊達慶邦に出迎えられた。仙台着は十四日のこと。『人見寧履歴書』に記されていないので日にちを確定できないのが残念だが、前後して人見勝太郎たちも相馬中村からやってきて仙台藩の下にも置かぬもてなしを受けた。

ところが、である。仙台滞在中から忠崇および請西藩士たちと人見たちとの間には、今後の行動計画に対する意見の相違がはっきりしてきた。

忠崇の願いは、前述のように会津へもどって会津藩と共闘することにある。対して人見は庄内藩からの招きを受け、庄内へ移動してさらに戦うことに決めてしまった。

人見の決定がいつの時点でのことかは不明ながら、十八日に忠崇と請西藩士隊が仙台を発った時人見たちは同行しなかったから、これ以前にふたりは別行動をとることを互いに了承し合ったものと見える。その後、人見は配下の山高鉄三郎、天野豊三郎、岡崎脱藩の関口有之助を先乗り部隊として庄内へむかわせた。

遅ればせながらここで付言しておくと、忠崇の会津から仙台への旅は米沢まわりの迂回路をとった。二本松から福島を経て奥州街道をゆくコースは、すでに新政府軍にふさがれていたためである。

ふたたびおなじ迂回路をとった忠崇は、二十二日、米沢までもどってきたところで会津藩領に異変が起こったことに気づいた。

(二本松藩領と) 会の国境将軍山《しょうぐんやま》敗れて、敵、猪苗代《いなわしろ》辺に近づきたる由風聞ありしが、夜に入り南の方に烟焔《えんえん》(煙と炎) はるかに見えければ、さては敵、会城《かいじょう》(鶴ヶ城) に迫りしならんと云う。(「一夢林翁戊辰出陣記」)

「将軍山」とは「勝軍山」の誤りだが、これは二本松藩領と会津藩領の境をなす母成《ぼなり》峠にあり、会津側の防衛線となっていた陣地を差している。

二十一日に母成峠を突破した新政府軍は、二十二日にその南の猪苗代へ進出。猪苗代の亀ヶ城を自焼して西南へ四里半の若松城下へ引いた会津兵を追い、一気に会津盆地へ突入する気配を見せていた。やはり猪苗代のうちに建立され、会津藩初代藩主保科正之《まさゆき》を祀った土津《はにつ》神社もこの時に焼かれたから、忠崇が南の夜空に見た「烟焰」とはこれらの火災だったに違いない。

二十三日の米沢は、激しい雨となった。そのなかを少しでも会津に近づこうと檜原《ひばら》峠をめざした忠崇は、その手前の綱木《つなき》まで南下した時、米沢藩士小森沢琢蔵と鉢合わせした。

会津から急ぎ帰国する途中だった小森沢は、忠崇を諫めた。

「敵すでに（若松）城下に入りこみ、所々に放火し今はまったく城下の戦争なれば、わずかの手勢をもって赴くとも所詮入城かた《（難）》かるべし。如《し》かず、徒《いたず》らに至危の地に赴き空しく兵を費えんより、図《と》を改め必勝の利を求めたまわんには」（同）

忠崇としては、それでもなお会津藩と存亡をともにしたかった。しかし小森沢に再三説得されて、ついに断念。いったん米沢へ引いて、後図を策することにした。

この二十三日に開始された会津藩の鶴ヶ城への籠城戦が、白虎隊の少年たちや婦女子の殉難などさまざまな悲劇を呼んだことはよく知られている。忠崇にとっては、この籠城に間に合わなかったことが一大痛恨事となった。

「一夢林翁戊辰出陣記」を読んでゆくと、この辺から忠崇は急速に覇気を失っていったように思えてならない。忠崇は二十四日に米沢へもどり、米沢城における軍議に参加したものの、

「今、会の危を救わずして力を他家に尽くすは予（の）素懐にあらず」

と書いて、言外に米沢藩と共闘する気にはなれなかったことを示している。

しかもこの日、忠崇はまったく唐突に輪王寺宮と行動をともにしようと思いつき、請西藩士の一部を白石城へ先行させることにした。


爾後《じご》輪王寺宮を守護したてまつり、生死（を）只宮の御運に任せなば少しく本懐に叶うべきかとて、大野友弥、伊能矢柄両人（に）急ぎ白石に赴き、この事を周旋すべき旨を命ず。（同）

大野、伊能を先行させた忠崇の白石入りは二十八日のことであったが、それまでにふたりは輪王寺宮の執当職、覚王院義観《かくおういんぎかん》からこうたしなめられてしまっていた。

「足下ら本国を脱し、徳川の恢復を図るとて今、奥羽危急の時に到り、何ぞ宮の守護なんどを求め、空しく光陰を送ることやある」（同）

覚王院義観は嘉永六年（一八五三）三十歳の若さで大僧都となり「穎敏擢抜《えいびんたくばつ》」（「真如院世譜」）とその学才を高く評価された傑僧である。だがかれは血の気が多く、五月十五日以前にも彰義隊を大いに煽動していた。

この義観は弁舌の才も備えていたらしく、大野、伊能に対して戦術を講じさえした。

「徳川の脱臣を初め奥羽の諸侯、とかく因循の論のみ多く、特に会藩など本国の安否に関せず大挙して白河城に向かい、少敗に屈せず直ちに野州に出れば敵、かならず支うるに暇《いとま》なく、たちまち破竹の勢いを成し両野（下野国《しもつけ》と上野国《こうずけ》）の諸侯風を追いてこれに与《くみ》せん。（略）足下ら主公を（に）勧めて故（旧）幕臣らと相議し、速かに兵を福島城に出し大挙して中街道の敵に当たり、二本松城を復するの勢いを顕わし、はるかに会の応援をなすにしかず」（「一夢林翁戊辰出陣記」）

すでに上野・下野両国、および白河方面は新政府軍に制圧されていたから、これは机上の空論に過ぎない。

ところが忠崇はすでに糸の切れた凧《たこ》のような存在になっていたためか、大野、伊能の口から義観の主張を伝えられるや、すぐに輪王寺宮守護の希望を引っこめてしまった。そして「僧都の論」に「もっとも理《ことわり》あれば」、一度仙台へ行って人見たちに協力を求め、福島城に進んで鶴ヶ城を包囲した新政府軍の背後から会津藩の加勢をしよう、と考えはじめた。

かくも簡単に朝令暮改してしまうところが忠崇の若さであり、「世間知らずのお坊ちゃんだった所以《ゆえん》」ともいえる。

しかも忠崇一行がふたたび仙台入りした九月一日までの間に、榎本武揚の率いる旧幕府海軍はいよいよ動き出していた。結果として榎本の動向が、その後の忠崇の決断にもっとも大きな影響を与えることになる。

徹底抗戦か降伏か

旧幕府海軍こと榎本艦隊は、江戸無血開城の際の約束に従って富士山丸その他を新政府側に引き渡して以降、つぎのような陣容となっていた。

軍艦は自他ともに日本最強と認める開陽丸のほか、回天丸、蟠龍《ばんりよう》丸、千代田形の三艦。運輸船は咸臨丸、長鯨丸、神速《しんそく》丸、美加保《みかほ》丸の四隻。美加保丸にはようやく傷の癒えた伊庭八郎も乗っており、兵力は約三千五百であった。

これまで品川沖を動かずにいたこの榎本艦隊が、一斉に抜錨《ばつびよう》して北走に移ったのは八月十九日深夜のこと。徳川家には駿府七十万石が与えられたが、この七十万石で旧旗本御家人たちを食べさせてゆくことは絶対にできない。ならば蝦夷地（北海道）を占拠し、旧幕臣たちの国を興すしか生存の道はない。そう考えて、榎本はようやく品川沖脱走に踏みきったのである。

しかし、房総半島の鼻を東へまわりこんだ八月二十一日から海上は大時化《しけ》となり、美加保丸は二十六日早朝、銚子の黒生浦《くろはえうら》で座礁してしまった。辛くも上陸した伊庭八郎は横浜に潜伏することになるが、咸臨丸も駿河の清水港へ難を避けたところで新政府軍に拿捕《だほ》され、榎本艦隊は蝦夷地を見る前に八艘のうち二艘を喪失してしまった。

この大時化のなかで互いの艦影を見失った長鯨丸、千代田形、回天丸、開陽丸が、仙台藩領松島湾に再集合したのは八月二十七日（神速丸は九月五日、蟠龍丸は同月十八日到着）。各艦とも傷みが激しく修理が必要となり、以後榎本たちはしばらく仙台藩領に滞在することを余儀なくされた。

榎本武揚　前列中央

榎本艦隊の旗艦，開陽丸

他方、人見勝太郎たち元からの遊撃隊の生き残りは、まだ庄内にはゆかず仙台のうちにいた。人見は榎本とは旧知の仲だから早速松島湾へ見舞に出かけ、その後は遊撃隊を艦隊が錨を下ろした同湾寒風沢《さぶさわ》港の警備にあたらせることにした。

思うに榎本艦隊の出現によって人見も庄内行きを取り止め、このころから榎本と行をともにしようと考え直していたのである。忠崇が仙台にもどってきたのは、人見と榎本とが提携を確認し合ったあとのことであった。

むろん忠崇は、そうとは知らない。九月二日、かれが人見に面会して、

「力を戮《あわ》せて福島に赴かん」(同)

と提案すると、目下は寒風沢港を守っているので離れることはできない、という答えが返ってきた。

ここでまた、忠崇のお坊ちゃん気質が出た。かれはあっさりと福島行きを諦め、人見たちに協力することにしたのである。

こういっては忠崇に酷かも知れないが、大名家のお殿さまにはもともと重臣たちの意見通りに動いていればいい、という感覚が一般的だったようだ。長州藩主毛利敬親《たかちか》にしても、その渾名《あだな》は「そうせい公」。保守派家臣の進言にも急進派のそれにも鷹揚に「そうせい」と答えるばかりだっ

た、というのがこの渾名の由来だが、忠崇も戊辰磐城戦争が同盟軍の敗北と決まってからは、藩主みずから脱藩して君側の奸と雌雄を決しようとした青雲の志と現実との落差に戸惑い、かなり決断力を鈍らせてしまっていたように思われる。

そんな忠崇の姿からはここで少し目を離し、会津に残留していた北爪貢、広部周助のその後の動きに触れておきたい。

まず広部周助について「一夢林翁戊辰出陣記」は、

「八月下旬、北爪貢とともに若松を出、三国峠より上州に出、江戸に至り、遂に南総に赴き、……」

と、ふたりが籠城戦には巻きこまれず、無事会津脱出に成功したことを記録している。

だが、江戸から南総へ帰ることができたのは、広部周助のみであった。なぜふたりが忠崇に合流するのではなく上州へむかったかは不明ながら、安藤英男『雲井龍雄詩伝』に引かれた雲井の日記の同年八月十九日の項に、

「林公（注略）の臣北爪翁に逢う」

とある。

場所は尾瀬沼近くのことで、この時雲井は奥羽越列藩同盟に援軍を募るため、上州諸藩を説得

にゆく途中であった。右の記述に広部周助の名がないことから北爪貢とかれとは別行動をとっていたことがうかがわれるのだが、ここで北爪の名は諸史料のなかから消えてゆく。

あとはただ著者不明の『戦亡殉難志士人名録』という史料のうちに、つぎのような記述があるばかりである。

請西藩／北爪貢　家老
貢、藩情嘆願の為め上野利根郡戸倉《とくら》関門に至る。警備兵（前橋、吉井藩＝割注）の為め捕われ、明治元年九月二日同処に於て斬殺せらる。

この記述を信ずるならば、北爪貢は流浪の兵と化しつつある忠崇と請西藩士たちを見兼ね、新政府へ降伏謝罪と嘆願に出むく途中で殺されたことになる。藩主の脱藩は壮挙といえば壮挙だが、その行方を危ぶんだ家老を死なしめるという悲劇も発生したのであった。

それから二日後の九月四日、忠崇は松島から仙台へあらわれた榎本武揚と初対面し、何度か運輸船を派遣してもらったことに対して礼を述べるという一幕もあった。

それでも忠崇は、もうひとつ煮えきらない。吉田柳助は相馬中村から仙台へ移動したあと庄内地方の偵察に出むいていたが、元号が明治と改元されて二日目の九月九日に仙台へ帰ってきた。しかるに十日、忠崇は「見込みの事ありて」吉田をふたたび庄内へ派遣している。

会津藩加勢を断念、輪王寺宮の守護を希望、それを断わられて福島行きを計画、ついで人見たちとともに榎本艦隊を警備と揺れ動いてきた忠崇は、庄内藩と共闘する策をも捨てかねていたのであろう。

しかしその間に、奥羽戊辰戦争はようやく終局を迎えようとしていた。

九月十一日、米沢藩が降伏。十二日には米沢藩とともに奥羽越列藩同盟の提唱者でもあった仙台藩自体も、重臣会議で降伏と決定したのである。

同中旬（略）、是に於て徳川氏の旧臣、軍艦に乗り組み蝦夷地に退去し、再挙を謀るに一決す。諸隊追々塩竈へ移陣す。（「一夢林翁戊辰出陣記」）

「諸隊」とは、これまでに仙台へ集まってきていた竹中重固、松平定敬、板倉勝静、小笠原長行、大鳥圭介、土方歳三、旧幕府陸軍奉行並松平太郎、衝鋒《しょうほう》隊隊長古屋佐久左衛門らとその配下のことである。兵力約二千五百。

忠崇も大野友弥、伊能矢柄、長谷川源右衛門、中村三十郎、檜山省吾の五人の家来のみを仙台へ残して松島へ三里の塩竈へ転陣した。これは忠崇が庄内藩との共闘を諦め、榎本艦隊とともに蝦夷地へ脱走しようと考え直したことを示している。二十日、忠崇は、

「近々蝦（夷）地航海の事なれば、はや奥州の別れなり」（同）

と考え、奥州一の宮である塩竈神社へ参拝したりもした。

ところがこの日、長谷川源右衛門を先頭に仙台残留の家来五人が順次やってきて、仙台藩士氏家晋からの「一書」を手わたした。

その内容は「降伏謝罪すべき旨」であったとしか忠崇は書いていないが、仙台藩は十五日のうちに新政府軍に対し、謝罪嘆願書を提出していた。白石城から仙台の仙岳院《せんがく》に移ってきていた輪王寺宮もこの日謝罪の使者を出すことに決めていたから、仙台藩は忠崇にこれらの事情を伝えるかたわら降伏帰順すべきことを説いたものと考えられる。

蝦夷地へ脱走してなおも戦いつづけるか、あるいは降伏するか。

このような二者択一は大議論を呼びそうなものだが、忠崇は「降伏謝罪」を勧められたため「其議《そのぎ》に決す」と、拍子抜けするほどあっさりと記している。

「一夢林翁戊辰出陣記」二十一日の項に詳述された忠崇なりの降伏の論理は、以下のようなものであった。

素《もと》より（人見たち、ないし榎本艦隊とは）同盟のことなればひとたび（は）塩竈に赴きたりと雖《いえど》も、元来（自分は）徳川氏の永く亡滅にいたらんことを惕《おそれ》み（恐れ）、その冤を雪《そそ》がんとの挙に出たり。

しかるに朝廷寛大の御処置をもってその（徳川家の）祀を存せられ（家名を存続させ）、今さらに奥羽の同盟ことごとく降伏し、輪王寺宮もまた謝罪したもうに、猶も官軍に抗して罪を重ぬるは本意ならねば速かに降伏し、甘んじて天刑に就かんと決心せり。

前述のように新政府は、閏四月二十九日の段階で徳川家の存続を決定。五月二十四日にはその所領を駿府七十万石とすることをあきらかにしていた。

対して忠崇が徳川家の駿河移封を榎本武揚の密使から伝えられたのは、六月二十九日になってからのことだったことを思い出していただきたい。

そもそも忠崇の脱藩理由は、一言でいえば身を捨てて徳川家を守りぬくことにあった。ところが、いったん滅びの道をたどるかに見えた徳川家は新政府の右の決定によって絶家処分にならずにすんだわけだから、その段階で忠崇は抗戦目的をすでに達成していたことになる。

このように考えるならば、会津から仙台へ移って以降の忠崇が急速に生彩を失っていった心理的背景をもほぼ理解することができる。

すなわち徳川家が七十万石格で存続すると知った以上、忠崇には駿河へおもむいてその家僕となる、という選択もないではなかった。ただしこれは机上での理屈に過ぎず、忠崇は戊辰箱根戦争と磐城戦争を戦ってしまったのだから、そうおいそれと新政府軍に対してギブアップはできない。そんなところからくる心の迷いが、つぎなる行動方針の再三の変更という形になってあらわれたのではなかったか。

それはさておき忠崇自身は、この時の胸中を後年になってからこう自解している。

「もう、戦《いくさ》はきまつた。きまつた以上、戦ふ必要はない。この上戦つたら、戦のための戦、私のための戦になると思つたから、降伏にきめたのだ。斬罪でもなんでも受けるつもりで」(「林遊撃隊長縦横談」)

つづいて忠崇は人見勝太郎を訪ね、この決意を打ちあけた。すでに榎本と蝦夷地へ北走することに決めていた人見はすんなりと了解したようだが、元からの遊撃隊士のなかには忠崇を罵倒する者もいた。

「命が惜しいから、降伏するのだらう」(同、以下おなじ)

「これ以上やつたら、私のための戦ひになる。われ〳〵は主義のもとにやつたのだから、私の戦には同意しかねる」

忠崇が答えたために、

「それは口実だ」

「口実ではない」

「そんなものは相手にしない」

と激しいやりとりが交わされ、ついに元からの遊撃隊と請西藩士隊とは一種の喧嘩別れになってしまった。

しかし忠崇の名誉のためにいっておけば、かれは決して命が惜しくて降伏することにしたのではない。

二十一日のうちに大野友弥ほか前述の四人を仙台へ走らせて「降伏の儀を周旋」させたかれは、会津藩の開城降伏から二日後の二十四日、仙台藩の指定した八塚《やつづか》（仙台市内）の林香《りんこう》院に謹慎。最後まで行動をともにしてくれた請西藩士たちに、左のように告げた。「一夢林翁戊辰出陣記」に全文が記載されているところから案ずるに、かれはあらかじめ作成しておいた文面を一同の面前で読みあげたのであろう。

……岩城湯元（磐）滞在（本）の時、寛大の御仁意をもって、駿府において徳川御相続（を）亀之助（家達）殿へ仰せ出さる旨伝聞、これによりて速かに兵を収め、最前見込み違いをもって過激の所業に及ぶの段、朝廷に謝したてまつり、謹んで天刑（を）待ちたてまつるべきのところ、すでに奥羽の同盟に加わる上はさも相成り難く、（略）まったく一時の偏見よりかかる所業に及ぶの段、恐懼《きょうく》の至りに堪えず。当寺において謹慎まかりあり、委曲《いきょく》（委細）仙台重臣中まで申し入れ、謝罪の儀（の）取り扱い（を）頼み置く者也。よって銘々《めいめい》予が意を体し、心得違いこれなきよう一統謹慎まかりあり、御沙汰（を）待ちたてまつるべき者也。

これが脱藩大名林忠崇なりの、一種の〝玉音放送〟であった。

さく花はかぎりありけるものの部《ふ》の道すてかねし我がこころかな

挙藩脱藩して明治新政府軍に抗戦した譜代大名家家臣の思いを、檜山省吾はこのころこう詠《よ》んだ。おなじころ、

「戊辰待罪　国事の為め腹切らんと決心せし時」（『おもひ出くさ』）

と詞書《ことばが》きして詠じられた忠崇の一首も今日に伝えられている。

真心のあるかなきかはほふり《（屠）》出す腹の血しを《（ほ）》の色にこそ知れ

これは、辞世にほかならない。忠崇は詞書きからもあきらかなように、抗敵の罪を問われて切腹を命じられることを覚悟の上で降伏を決意したのである。

慶応四年閏四月三日、忠崇とともに脱藩した請西藩士は五十九名。うち北爪貢や庄内へ潜行してついに還らなかった吉田柳助（戦死か病死か今日も不明）をふくめて十六名が戦死ないし病没し、林香院に入った忠崇一行は二十名であった。

第五章

流転と窮乏の歳月

謹慎の日々

林忠崇は林香院に謹慎中の十月三日、明治政府に対する降伏謝罪の嘆願書を執筆した。脱藩以来の転戦を記した前半は省き、後半部分のみを読んでゆこう。

素《もと》より恐れ多くも天朝に対したてまつり、毛頭異心なく御座候えども、徳川家へ忠節相尽くし申したき一時の志願よりこれまでの挙動に及び候儀に御座候ところ、徳川家も相続仰せつけられ候上は、この上何を希望つかまつり候と申す儀（も）御座なく、ひとえに悔悟謝罪、恐懼のほか他事なく御座候間、何卒覆載《ふうさい》（天地、君主）の御仁慈をもって寛大の御処置（を）成し下され候よう、泣血嘆願たてまつり候。誠惶誠恐、頓首謹言。

忠崇 花押

字面だけを見ると、忠崇がにわかに命乞いを始めたかのようにとられかねない。だが、そうではない。降伏には降伏なりの書式がある。かれはそれに従って書いたのである。

ちなみに右の文書は「一夢林翁戊辰出陣記」にも「平潟口総督日記」（『復古記』第八冊）にも記載されているが、両者には一字一句の相違もない。忠崇の日記の正確さは、このような点からも裏づけられる。

忠崇からこの嘆願書を託された大野友弥は、麻裃《あさがみしも》着用のうえ仙台藩監察伊藤十郎兵衛に案内され、平潟口総督府軍参謀たちの宿舎となっていた青葉城内、同藩重臣片倉小十郎邸の応接所へ出頭してこれを差し出した。

参謀たちは答えた。

「たしかに落手、追って総督（四条隆謌《たかうた》）御入城の上差し出すべく、その上御沙汰あるべし。猶これまでの通り謹慎すべく、且つ謝罪の実効（証し）として兵器差し出すべき旨」（『復古記』第八冊）

しかしすでに忠崇は、仙台藩に兵器を差し出し済みであった。鉄砲七挺、そのうち短筒五挺、胴乱八つ、弾薬入れ一つ、弾薬二袋（同）。ここに刀がふくまれていないのは、忠崇たちがまだ帯刀を許されていたことを意味する。

十月十二日には榎本艦隊がついに蝦夷地めざして脱走するという事件が起こったが、十四日夜、忠崇は片倉邸へ出頭を命じられて左のような達し書きを手交された。

右、降伏謝罪（を）聞こし召し届けられ、死一等（を）免じ、東京へ護送候条お達しこれあり候事。

林　昌之助

参　謀

生き残りの請西藩士十九人にも同文の達し書きが与えられ、忠崇たち二十人は翌十五日に片倉邸を出発することになった。

ただし、これには条件がふたつあった。東京までは津藩の兵百名の監視下に置かれること、帯刀は召しあげられること。

ことに後者は武士にとっては屈辱的な措置であり、忠崇はこう述懐している。

予（を）初め一統縲絏《るいせつ》（縄目）の辱《じょく》は素より覚悟のことといえども、いよいよ刀を脱するに臨んでその心中いわんかたなし。（「一夢林翁戊辰出陣記」）

その後の模様については、後年、笹本寅のインタビュー中に、

「仙台から東京へ護送される時は――？」（「林遊撃隊長縦横談」）

との問いを受け、忠崇は淡々と語った。

「籠《かご》だつた。籠に錠をおろして、周囲を鉄砲かついだ兵隊が警衛してゐた。この時は、つらかつた。自分の家来は三十人《ママ》ばかり、無腰で赤い毛布をきて籠のうしろから歩いてきた。しかし、別に縄はつけなかつた」（同）

この時のつらさは、「一夢林翁戊辰出陣記」の方では、

「恥を忍ぶの苦しさは筆端に尽くしがたし」

と表現されている。

一文字大名の誇りの下に脱藩に踏みきった元大名が囚人そのものの姿となり果て、江戸あらため東京へ移送されることになったのだから、その胸中は察して余りある。明治元年十月十五日は、新暦ならば十一月二十八日。奥州はもう降雪を見ても不思議ではない季節を迎えていたから、忠崇は身も心も冷えきっていたことであろう。

だが白石―二本松―白河―宇都宮と奥州街道を上って十一月六日に草加に泊した時、忠崇は内心ほっとしたかも知れない。津藩の監察青木準平が、明日東京へ着いたら忠崇は「小笠原中務《なかつかさ》大輔《たいふ》にお預け」になる、とひそかに教えてくれたからである。

小笠原中務大輔とは、肥前唐津藩の当主小笠原長国《ながくに》のこと。つとに見たように請西藩林家は室町時代に信濃国の守護大名だった小笠原氏の支流であるが、江戸時代の同氏はつぎの五家に分かれて幕末に至っていた。

豊前小倉十五万石、播磨安志《あんし》一万石、肥前唐津六万石、豊前千束《ちづか》（小倉新田）一万石、越前勝山二万三千石の各小笠原家。要するに唐津藩小笠原家は林家の一門だから、忠崇は一種の親類預けとなることに決まっていたのだった。

あけて七日、千住まで進んで昼食休憩となった時、忠崇は受け取りに来た唐津藩兵に身柄を引きわたされた。

ただしこの時、請西藩士隊は同行しないことが初めてあきらかになった。藩士たちは、尾張名古屋藩徳川家の手にゆだねられたのである。

予はこれより単身のお預けなれば如何にもして一両輩随従せんことを欲し（略）、周旋を乞いしかども遂に叶わざる由。君臣の生き別れ難く、再会の期なければ互いに衣を沾《うるお》しけり。

（「一夢林翁戊辰出陣記」）

ここで忠崇は、初めて泣いたと告白している。大名という者はどこへゆくにも小姓や供廻りの者たちを従えているから、まったくひとりきりになってしまうことなどはこれまであり得ないことであった。それを思い、ともに死線を潜ってくれた家来たちとの不意の別れに心乱れて、ついに忠崇は落涙したのであろう。

当時、唐津藩小笠原家は外桜田に江戸上屋敷を、芝の愛宕下《あたごした》には中屋敷を構えていた。忠崇の送られた先は中屋敷の方であったが、まだ「お預け」の期間は確定されていない。

十二月七日、明治政府はようやく奥羽越列藩同盟に参加した諸藩の罰典を定め、忠崇にはつぎのように通達した。

当春、王師《おうし》（官軍）東下《とうか》以来、徳川慶喜退去謹慎候ところ、その方なお暴論を主張し、脱走無頼の徒を煽動し、その詐謀を逞《たくま》しくし、ついに函嶺《かんれい》（箱根山）暴挙、王師に抗衡《こうこう》（対抗）、のち海路仙台に遁《のが》れ、賊徒を招集し再挙を謀り候えども、奥羽諸賊追々敗衄《はいじく》（敗退）に及び、ついに伏罪候条、天下の大典に於いてその罪差し置かれ難く、きっと厳刑に処さるべく候ところ、出格至仁の思し召しをもって、小笠原中務大輔へ永預け仰せつけられ候事。（『復古記附録／奥羽越諸藩罰典』『復古記』第八冊）

「永預け」とは、読んで字のごとく永遠に身柄を預けられるという意味である。

しかしここで興味深いのは、他の奥羽越列藩参加諸藩の藩主たちに対する「城地召し上げの上」という条件が、ここに盛りこまれていないことである。

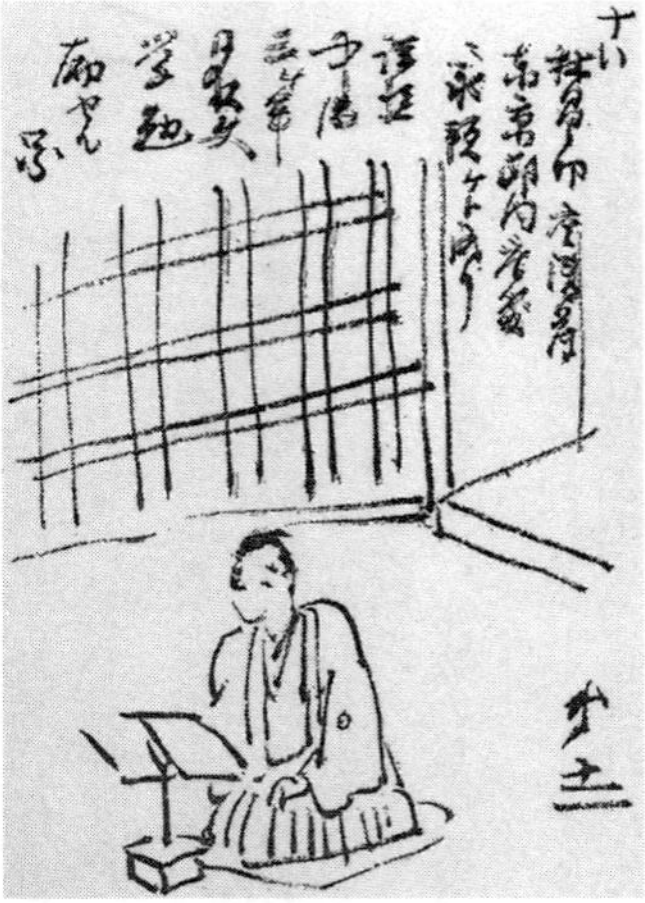

謹慎中の忠崇

その理由は、もはや再論するまでもない。第四章で触れたように、政府は五月十七日と六月四日の二度にわたり、請西藩領の没収を宣言していた。だから改めて「城地召し上げ」を通達する必要はなかったのである。

その永預け中の生活を忠崇は、「林遊撃隊長縦横談」のなかではつぎのように語っている。

「一間に入れられたきりで、家来には絶対に面会させなかつた。次の間には、唐津藩のものがつめきつてゐて、朝起きると、裃をきて一日中坐つて夕飯を食べると、裃をぬいで羽織袴になるといふ具合だつたな」

晩年に神奈川学園長佐藤善治郎から、

「謹慎とはどんな事をするのですか」（「維新の小田原戦争」）

と問われた時には、こう語り直した。

「朝八時から午後三時まで、坐敷の最中で沈黙静坐するので、朝晩は邸内を散歩し、雞《にわとり》を飼う様な事もした」

鶏を飼育したのは孤独地獄から逃れたかったためであろうが、このころ忠崇は母に呼ばれた夢を見て、夜中にはっとして目ざめることもあった。

たらちねのよぶかとすれば覚めにけり夢ぞまされるとらへ屋のうち（『おもひ出くさ』）

一文字大名の矜持《きょうじ》を抱いて生きていたころと今の境遇とを引き較べ、忠崇は眠れぬ幾夜さを送っていったのである。

忠崇のこのような謹慎生活が結局いつまでつづいたのかを述べる前に、忠崇の同志だった人見勝太郎、伊庭八郎のうしろ姿を視野に入れておこう。

自活の道を模索する

人見は榎本武揚ら蝦夷地脱走軍が箱館を占領し、蝦夷共和国政府の樹立を宣言するや松前奉行に選ばれた。伊庭も明治元年十二月中に横浜からアメリカ船に乗って箱館入りし隻腕の共和国軍歩兵頭として活躍したが、明治二年雪解《ゆきげ》時から新政府軍が総攻撃を開始すると同時にふたりの運命はわかれた。

伊庭は出撃中に再起不能の重傷を負い、箱館五稜郭に置かれていた本営に運ばれてモルヒネによる安楽死を選択。人見も新政府軍の陸海からの攻撃に敗れ、五稜郭へ逃れたあと最後の出撃に参加、艦砲射撃の爆風を浴びて箱館病院に入院するうち明治二年五月十八日となり、蝦夷共和国政府降伏の報に接した。

以後、人見は豊前小倉藩あらため香春《かわら》藩に永預けという忠崇同様のコースをたどったが、明治三年三月赦免。徳川七十万石あらため静岡藩に出仕し、旧幕臣子弟の教育にうちこんだ。

かくて新しい時代へ歩み出した人見に較べると、その後の忠崇の人生はまことに険しいものとなった。

まず明治二年十一月、すなわち唐津藩邸に幽閉されて一年後の出来事から紹介してゆく。

（同月）十日、元請西藩主林忠崇の弟忠弘（通称藤助）をして祀を存せしめ、士族に列し、禄三百石を賜ひ、尋《つ》いで東京府に貫せしむ（戸籍を東京府に置かせる）。（『明治天皇紀』第二）

元請西藩林家は忠弘の相続するところとなり、禄三百石の東京府士族として存続することを許された。ここに至って、慶応四年六月三日以降打ちきられていた鵜殿伝右衛門、田中兵左衛門の林家家督相続嘆願は、ようやく日の目を見たともいえる。

しかしこれは忠崇から見れば、自身が林家当主の地位を失ったことにほかならない。忠崇はよくいえば隠居、悪くいえば廃君とされてしまったのである。

さらに一年四カ月――通算二年四カ月の謹慎生活のあげく忠崇は、明治四年三月十四日付で右の忠弘のもとへ預け替えになり、同五年一月六日付でその罪を許された。旧会津藩主松平容保、旧桑名藩主松平定敬らもかれと同時に他家預けから実家預けとなり、ついでまた同時に特赦を受けているから、これは横並びの赦免であった。

忠崇を迎えたころの忠弘は、九段下に住んでいたということしかわからない。

だが想像を逞しくすれば、忠弘は貧困に喘いでいたのではあるまいか。なによりも忠弘は、まだ数え十五歳（安政四年〈一八五七〉十一月生まれ）。九段下に住んでいたとはいえ元の請西藩上屋敷は没収されたはずだから借家住まいをしていたものと思われるし、わずか三百石で家格一万石の時代からいる家来たちのすべてを養ってゆけるわけはない。

そんな家に同居することを潔しとしなかったためであろう、まもなく忠崇は忠弘の家を去り、自活をこころみることにした。

> 義弟忠弘方へ同居し、のち旧領地上総国請西村へ帰農せり。（「一夢林翁戊辰出陣記」）

忠崇自身はその前後の事情を右のような一行で片づけてしまっているが、林勲『林侯家関係資料集』「解説」は忠崇の別居理由を「心苦しきこと限りなしとて」とし、請西村へ帰ってからの住まいを「同地、石渡金四郎邸離れ家に隣接」する場所、そこは「旧真武根陣址」のうちであった、と特定している。明治維新後、旧請西藩真武根陣屋の跡地は「西林」と呼ばれ、「開発場」に指定されていた。そして、ここに入植した農民は五十三人。その名を記した「西林開発人連名帳」（同書所収）

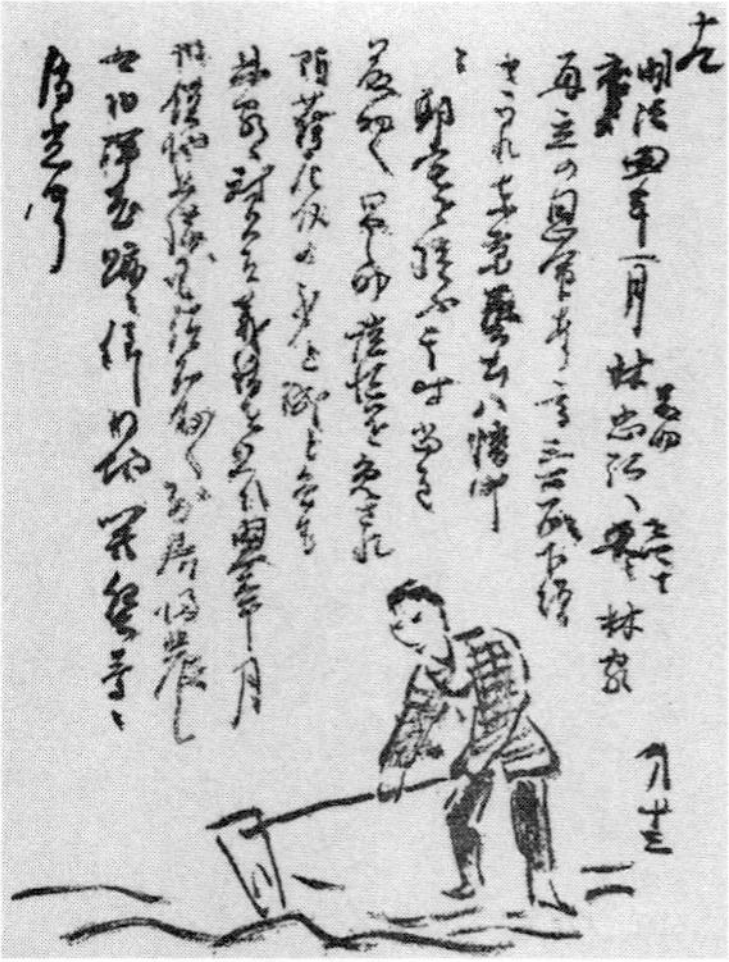

鋤をふるう忠崇

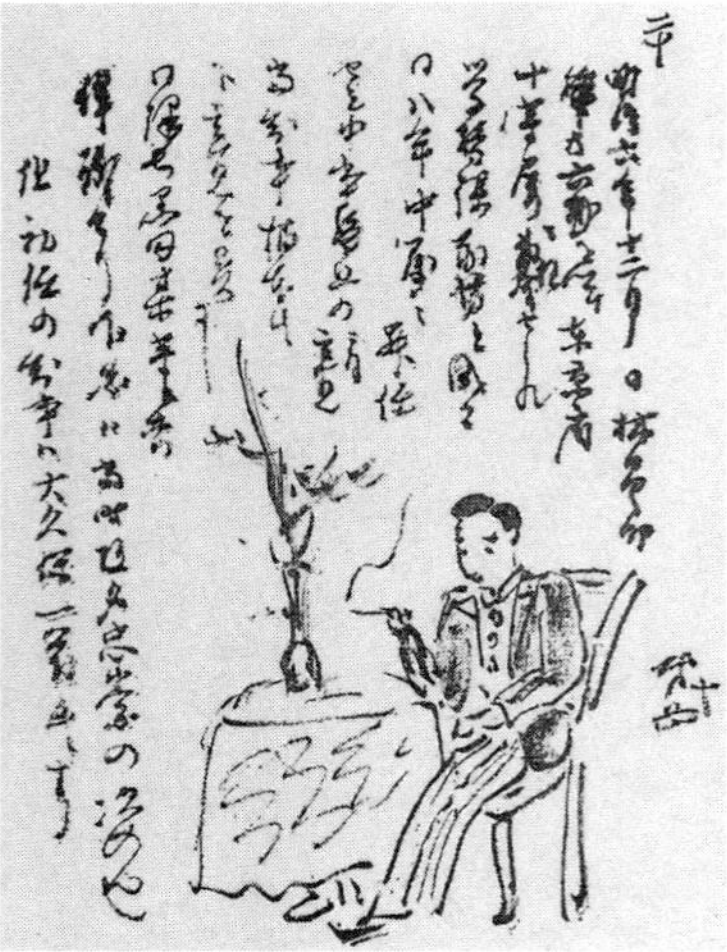

東京府へ出仕する忠崇

のうちに「金四良《ママ》」という者がいる。

石渡金四郎とは、おそらくこの「金四良」のこと。『おもひ出くさ』に収録された忠崇自画像のなかには、野良着股引姿で鋤をふるう一葉もあり、維新後ここまで落魄した一文字大名の姿を今に伝えている。

元請西藩一万石の大名だった者が、ほかでもない自分の陣屋跡に一介の農民として入植する――一文字大名の誇りをかなぐり捨ててこの選択に踏みきった忠崇の胸中を思うと、筆者はそぞろ哀れを催さずにはいられない。

ただし幸か不幸か、忠崇の帰農生活は、そう長くはつづかなかった。明治六年（一八七三）十二月、かれは東京府に十等属の下級官員として任用され、学務課に勤務することになった。

これが旧真武根陣屋跡地の開拓に失敗したためかどうかは、よくわからない。だが忠崇は、『おもひ出くさ』収録の自画像の一葉として髪を七三に分けて背広ズボンを着用し、椅子に座って煙草をくゆらす姿をも描いている。その余白に記された自注に、

「但し、就任の（時の）知事は大久保一翁《いちおう》氏なり」

とあることから、およその事情は推察できる。

大久保一翁（忠寛《ただひろ》）は旧幕府の会計総裁兼若年寄をつとめた人物で、勝海舟とともに時代にさきがけて大政奉還を発想した旧幕府の開明派官僚としても知られる。明治五年五月に東京府知事に就任するまで、静岡藩権《ごんの》大参事（旧幕時代の家老相当職）として旧幕臣たちの生活を支えてきた人物でもあったから、一翁は帰農して苦労している忠崇に気づくや、気の毒に思って東京府に就職させてやったのではあるまいか。

ちなみに忠崇が東京府へ出仕した時の十等属とは、勅任官（勅命によって叙任される一等官から三等官までの高等官）、奏任官（太政官の奏薦によって任命される四等官から七等官までの高等官）に対し、その省の長官（府の場合は府知事）の判断で採用される判任官――すなわち最下級の官吏に過ぎない。判任官は八等から十五等までだから、忠崇は「下の上」程度の待遇でしかなかった。

しかも、忠崇の官員生活はそう長くはつづかなかった。おなじ自画像の自注によれば、かれは明治八年には中属《ちゆうさかん》にまで昇進したが、「事務上のことにつき（略）当知事楠本《くすもと》氏と意見を異にし」、あっさり辞職してしまったのである。

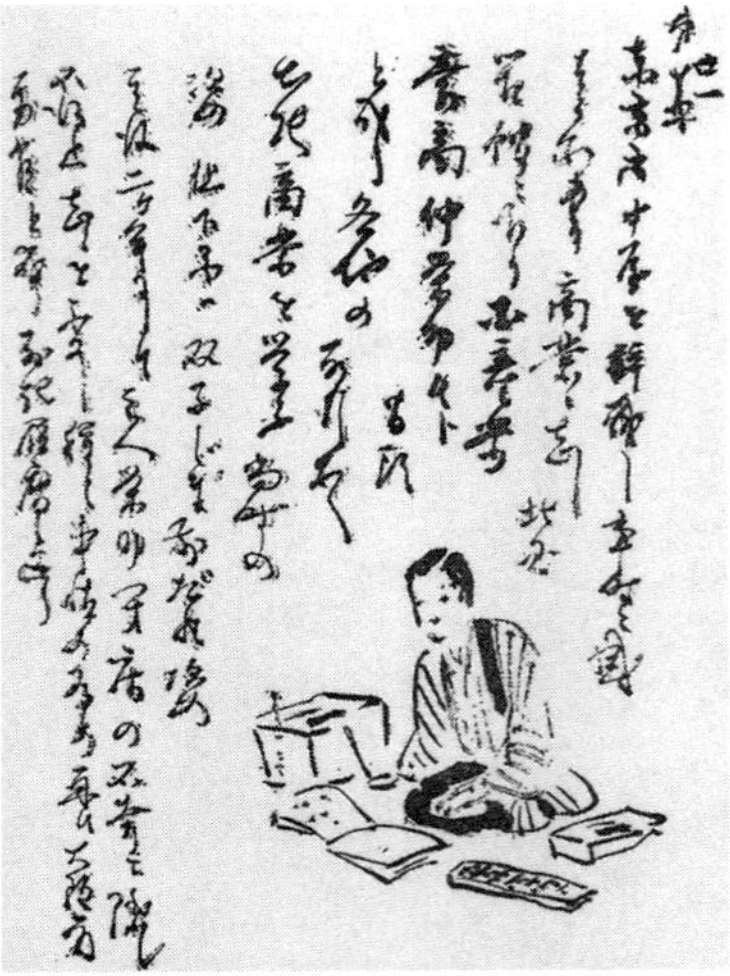
商家の番頭をつとめる忠崇

この「楠本氏」とは、大久保一翁が教部少輔《しょうゆう》へ転出すると同時に府知事不在のまま東京府権知事（副知事）となり、府庁の実権を握った楠本正隆《まさたか》を差している。なにゆえふたりが「意見を異にし」たのかは伝わらないものの、元肥前大村藩士の楠本は、幕末に藩論を討幕と定めるのに奔走した男。大村藩は戊辰磐城戦争では遊撃隊と交戦した藩でもあるから、楠本はいずれかの段階で遊撃隊の隊長のひとりだった忠崇が府庁にいると知り、かれを白眼視したのかも知れない。

ふたたび『おもひ出くさ』所載の一連の自画像を眺めると、前述の背広姿のつぎのページには、双子《ふたこ》縞《じま》の羽織に前垂れを着けた忠崇が火桶のかたわらに正座し、算盤《そろばん》と帳簿とを見較べている絵がつづいている。

その自注にいう。

東京府中属を辞職し、事時々感ずる所あり。商業を志し、北国函館に下り（略）、豪商仲栄助氏に番頭と成り、各地の取引所へ出張、商業を学ぶ。

忠崇は士族授産金を受けたわけでもないのに、〝士族の商法〟によって身を立てようとしたのであった。それにしても仲栄助が、自分の雇った人物が元は大名だったと知って仰天する一幕はなかったのだろうか。

なぜ忠崇がこの豪商を頼ったのかを説明する資料はないが、仲栄助が「各種水産物、大小豆、鹿皮・鹿角から硫黄や雑貨」を東京、横浜方面に売りさばく商人だったこと、明治十一年度のその取り扱い高がほかの三人との合計で四十万千九百八十円に達していたことは、『函館市史』第二巻の記述によってあきらかである。同年、函館に第百十三国立銀行が資本金十五万円で創立される時、千円を出資して大株主になったこともわかるから（「第百十三国立銀行創立要件録」）、仲栄助が当時函館ではよく知られた「豪商」だったことに間違いはない。

忠崇をめぐる女性たち

さて、ここで突然のようだが、忠崇の女性関係に触れておきたい。

慶応四年閏四月に忠崇が真武根陣屋を出発する直前、今日の木更津市内に住んでいた鶴岡利左衛門方に「一人の武士」につれられてき、しばらく預けられることになった「気品のある二十才前後」の女性がいた（宮本栄一郎『上総義軍』上巻）。

　この女がどういう素性の女であつたかは、今日でも、未だにわからない。（略）人はいう、彼女は林昌之助の侍女又は側室ではなかつたか（欠）と。（同）

　出撃以前の忠崇は、むろん独身であった。とはいえその忠崇に、お手つきの侍女あるいは側室がいた可能性がなくはないが、右のような次第でこの名も知れない第一の女性は、あくまでも伝説的な存在に過ぎない。

　つづけて第二の女性が登場するのは、陣屋跡に帰農していた時代である。石渡金四郎の孫娘きんは宮本栄一郎の取材に対し、

「この時には（忠崇の）食事の世話をしていた女がいたので多分奥さんではなかろうか」（同）

と語り残した。

　これらの女性の影を念頭に置いて「林家過去帳」（『林侯家関係資料集』）を見てゆくと、「明治十年六月八日」の項に「玉柳院智明全貞童女」、「忠崇長女」とある。この日付はあきらかに戒名を「玉柳院智明全貞童女」と名づけられた忠崇の幼い長女の死亡年月日だから、このころ忠崇は記録にはあらわれない第三の女性と結ばれていたのである（この第三の女性は第二の女性と同一人物なのかも知れない）。

元大名から仲栄助商店の番頭へと転身したとはいえ、よき伴侶を得たのであったなら、忠崇の後半生はそれなりに納得のゆくものになったであろう。

しかし『おもひ出くさ』自画像自注の先に引用した部分のつづきには、つぎのような文章がくる。

その後二ヶ年にして主人栄助閉店の不幸に際し、止むを得ず志を変じ、種々事情のため再び大阪府属官と成る。

明治八年中に東京府を退職した忠崇が同年のうちに仲栄助商店に就職したと考えると、「その後二ヶ年にして」とは明治十年を差していることになってしまう。

ところが、仲栄助商店が明治十一年度となってもまだ繁栄していたことは前述の通り。函館経済界が西南戦争（明治十年）後の不換紙幣増発に発するインフレによって大不況を迎えるのは、それ以降である。

それらのことを考えあわせると辻褄が合わなくなるから、忠崇の函館入りを明治十年、函館退去を同十二年と推理したくなるところだが、この辺は資料的裏づけに欠けているところなのでこれ以上の詮索は控えておく。

ただし、忠崇の函館退去と大阪府へ奉職した時期との間にも、ブランクがあることだけははっきりしている。というのも忠崇は、明治十三年には第三の女性とも別れ、単身で神奈川県座間市の龍源院に住みこんでいたことが証明されているからだ。

当時の忠崇は植木屋の親方とか、寺男とかの名目で（龍源院に）住込んでいながら、別に仕事をするでもなく近所の人々とも殆んど接触せず、身分姓名は一切極秘で彼を招いた山口曹参住職夫人さへ《ママ》知らなかったという。（稲葉博「最後の大名林忠崇」）

その証拠の品としては、第一に龍源院に伝わる忠崇筆の大黒天図が挙げられる。流麗なタッチのこの絵にかれは、「明治十三年甲子日」と横書きで記入している（同）。

第二に忠崇は、後年になってから山口曹参の孫吉村通玄の問い合わせに対し、

「御祖父山口曹参殿には、その当時種々御態遇を蒙《こうむ》り候」（同）

と答えている。

このころ忠崇は画号を如雲と称していたが、みずからも木更津、東京、函館、座間と職を変えながら各地を転々とし、あてどなく流れる雲のような存在と化していた。

右のような研究から、忠崇の大阪府奉職時期は明治十三年以前には遡れないことが判明するわけである。

さらに大阪府へ奉職してからの忠崇の足取りをたどると、第四の女性があらわれる。資料によ

って年月日を特定できないのが口惜しいところだが、おそらく明治十八年（一八八五）ごろから、忠崇は第四の女性と実質上の結婚生活に入った。

その女性の名はチヱ。チヱは埼玉県南埼玉郡登戸《のぼりと》村（越谷市）の平民小島弥作の次女として、安政元年（一八五四）二月二十九日に生まれた、と「戸主林忠弘　除籍簿謄本　抄」（『林侯家関係資料集』）にある。忠崇は嘉永元年（一八四八）の生まれだから、明治十八年、かれは数え三十八歳、チヱは三十二歳になっていた。

世が世であればほかの大名家、ないしは旗本家から妻を迎えていたであろう「士族」忠崇が、不惑の年齢に近づいてから「平民」小島チヱと結ばれた理由は不明というしかない。

しかも忠崇は、チヱをなかなか入籍しなかった。明治十九年七月十五日、ふたりの間にはミツという女の子が生まれたが、忠崇がチヱを「後妻」として入籍したのは二十二年二月三日のこと（同）。あるいはかれは、長女の夭折前後に「前妻」すなわち第三の女性と別れた苦い経験があったため、チヱの入籍問題について少々神経過敏になっていたのかも知れない。

それでなくとも忠崇は、大阪府に奉職してからも経済的に苦しい生活を余儀なくされていた。そのことは明治二十三年二月二十六日、当時「大坂《ママ》堂嶋北町百廿番地」に住んでいた忠崇が旧請西藩関係者のひとり広部精《くわし》宛に書いた手紙の文面から推察できる。

……拙者、現今当府（大阪府）西区書記に奉職致しおり候えども、薄給にして事務繁雑、奏功の道に乏しく、ほとんど困却痛心致しおり候。冀《こいねがわ》くば御省（広部精の奉職先の陸軍省のこと）中において相応の奉職（を）命ぜられ候よう御尽力成し下されまじきか。榎本、人見等に相謀り候えども、いかなる感覚なるか更に応じくれず。はなはだ〇〇〇〇〇心底と（依頼を）断念致しおり候。……

榎本とは榎本武揚、人見とは人見勝太郎あらため寧《やすし》のことである。

明治五年三月に赦免されて明治政府に出仕した榎本は、外務大輔、海軍卿などの顕職を歴任したあと子爵を受爵。人見も静岡藩における子弟教育と茶葉栽培の成功を内務卿大久保利通に認められ、内務省勧業寮七等出仕として官途について、明治十三年三月から十八年七月まで第九代茨城県令（県知事）をつとめた。その間の十三年六月、箱根湯本に「遊撃隊戦死士墓」を建立した人見は、非職となったあとは利根運河株式会社を興してその社長に就任している。

忠崇は、かつてともに戊辰の賊徒、朝敵の汚名を受けながら日の当たる道をゆくふたりにSOSを発したにもかかわらず、返答をもらえなかったのである（「〇〇〇〇〇」の位置には、「冷酷非情の」という意味のことばを書きたかったものと思われる）。

そんなに暮らしに困っていたのなら、林家を相続した忠弘に助けを求めればよかったではないか、と考える読者諸氏もおありかも知れない。だが、それはまったく不可能であった。

林忠弘の家禄がはじめ三百石だったことは前述した通りだが、その後赤字財政に悩む政府が家禄削減策をとったため、林家は七十五石、さらに三十五石と収入を減らされていった。ついで明治九年にはこの家禄も全廃されて、かわりに金禄公債が一時金として与えられた。

この公債の、士族ひとり当たりの平均額面は四十円弱。林家の受け取ったのがいくらかはあきらかではないが、明治七年にイギリス製の布地を使った紳士服を仕立てると二十五円の出費になった。明治七年と九年の物価を同一水準、林家の公債を平均額面と仮定したところで、忠弘は高級紳士服を二着は買えない一時金を与えられてあとは無収入となってしまったことになる。

しかも忠弘は、まだこの時点では独身であった。その忠弘は、明治十四年八月に神奈川県士族の娘志んと結婚。志んは十六年十一月に長男忠一《ただかず》、十九年十一月に次男茂、二十二年十二月には長女錬《れん》と三人の子供を産んだ。

忠弘がどこかの企業に就職していた形跡はないし、茂は他家へ養子に出された。のちに見るように忠弘一家を自分の借家に住まわせようとする旧請西藩士もいずれあらわれるほどだから、忠弘に忠崇の暮らしむきを支える力があったとはとても考えられない。

しかし、ここで結果だけを示すならば、忠崇は陋巷《ろうこう》に窮死するという悲惨な運命はたどらずに済んだ。いやそれどころか幸運にも善意の人々に支えられ、元は一万石の大名だった者にふさわしい家格を再興することに成功した。

その過程については、章をあらためて解説をこころみよう。

第六章

林家の家格再興運動

華族令の発布

前章の末尾近くで、筆者は「旧請西藩関係者のひとり広部精」の存在に触れた。

これまで本書に顔を出した広部姓の人物といえば、広部与惣治と広部周助しかいない。与惣治は広部家の分家筋、周助は本家を相続した者という関係だが、与惣治は箱根戦争で戦死したので、まずは明治以後の周助の動きを追ってから精とかれとの関係に言及したい。

これもすでに見たように請西藩の重臣だった広部周助は、慶応四年（一八六八）七月二十三日、林忠崇に同行して会津藩を訪問。そのまま若松城下に居残っていたが八月下旬に上州へ脱出し、「南総」へ帰っていったと「一夢林翁戊辰出陣記」はいう。

旧請西藩領は上総国のうちに立藩していたのだから、厳密にいえば「南総」にはふくまれない。しかし請西藩士たちには自国のある地方を「南総」と称することがままあったから、これは周助がいったん帰国したことを意味する、と考えてかまわない。

周助の帰国理由は不明ながら、忠崇は仙台の林香院に謹慎していた同年十月十四日のこととして、「一夢林翁戊辰出陣記」につぎのように書いている。

夜に入り、広部周助来たれり。去る八月下旬、北爪貢とともに若松を出、三国峠より上州に出、江戸に至り、遂に南総に赴き、再び潜行して仙台に来たると云う。

周助は一度帰国して軍資金を調達し、それを持って仙台へやってきたのだろうか。だがこれも前述のごとく、この時忠崇一行はすでに降伏していた。総人数とその姓名も仙台藩へ申告済みであったが、周助にとって幸いだったのは、この名簿に名前が記載されていなかったことである。ために周助は忠崇とともに東京へ護送されるのを免れ、ふたたび帰郷することが可能になった。

今日も広部家に伝えられる『広部家系譜略』という史料によれば、その後周助は友人だった山岡鉄舟から新政府への出仕を勧められたが、それでは笑いものになるとしてこれを拒否。「守黒」、「知足」、「天楽洞」と号して花鳥風月に親しみ、明治十九年十月、六十五歳にして没したという。

ここで興味深いのは、林勲「請西藩家臣列伝」（『林侯家関係資料集』）の広部周助の項に、その晩年の心事として、

「忠崇の決起に因《よ》り家名を貶《へん》せられし主家の家格再興を熱望せしが果さず」

とあることである。

「家格再興」とはどのような意味か、という問題を理解するには、「華族」および「華族令」という歴史用語を頭に入れておく必要がある。

明治二年（一八六九）六月十七日、政府は諸藩に版籍奉還を命じたため、旧大名諸侯は領地を

接収されて藩知事という名の地方官に過ぎなくなった。

同日付の『太政官日誌』にいう。

官武一途、上下協同の思《おぼ》し食《め》しを以て、自今公卿・諸侯の称を廃せられ、改めて華族と称すべき旨、仰せ出され候事。

要するに旧大名諸侯は、藩知事となると同時に公卿ともども「華族」という新しい身分を与えられたのである。戊辰戦争の敗者となった仙台伊達家、会津松平家その他も、諸侯としての身分は残っていたため華族に名をつらねることができた。

この時、唯一の例外とされた諸侯が請西藩林家であった。何度か述べたように、林家は慶応四年五月十七日の時点で領土を没収されている。そのため諸侯の身分を失っていたから、林家は華族ではなく士族の身分に甘んじざるを得なかったのである。

さらに華族制度の変遷を追うと、政府は明治十七年七月七日に華族令を発布。「爵五等を設け、華族の家格・勲功に応じて之《こ》れを授け、又新《あら》たに文武の功臣二十余名を華族に列し、各々《おのおの》爵を授けたまふ」ことにした(『明治天皇紀』第六)。

この「爵五等」が、公・侯・伯・子・男のいわゆる五爵のこと。旧大名諸侯から華族に列せられていた家は、すべて子爵以上を受爵した。

むろんこの時も、林家は男爵にすらなれなかった。それを憤慨したからこそ広部周助は、林家の「家格再興を熱望」するに至った。すなわち周助は、林家も元大名である以上、子爵に名をつらねて当然だ、と考えたのである。

周助はこの願いを叶えられずに死んでいったが、やがてかれの遺志を継ぐ者があらわれた。それが周助の三男、広部精であった。

広部精は、安政元年（一八五四）七月生まれ。おもに六角恒広「広部精と中国語教育」によって、そのプロフィルを履歴書風に押さえておこう。

明治初年、東京に出て中村正直《まさなお》その他に師事し、英語、漢学、中国語を学ぶ。

同八年、東京銀座尾張町に日清社を創設、漢学と中国語を教え、民間人による中国語教育の先駆者となる。

同十年十二月、西南戦争によって世情騒然となったため生徒が離散し、日清社を閉じざるを得なくなる。

同十二年から十三年にかけて、『亜細亜《アジア》言語集』七巻と『総訳亜細亜言語集』四巻を刊行。

同十四年、陸軍省会計局に勤務し、同三十年七月に予

広部精

備役に編入されるまで陸軍の経理畑を歩む。

広部精が林家の家格再興運動に本格的に乗り出すのは明治二十二年のことだが、筆者は精がこのような運動を始めた理由を広部家の当主周助氏（同家二十代目、本書の登場人物広部周助は十六代目）から左のように聞いている。

「広部家は、主家と運命をともにする覚悟でした。その思いが精にも伝わり、かれは『かつて林のお殿さまが自身のことを顧みず徳川家のために蹶起したのだから、今度は広部家が自家を顧慮せずお殿さまをお助けしなければならぬ』と考えたのです」

以上のことを念頭に置いて、広部精の精力的な家格再興運動を眺めてゆくことにする。

なお精は、この運動のあらましをみずから筆記した文章と諸家とやりとりした手紙とを一括してまとめ、『林家家格再興始末略』と題している。筆者は木更津市在住の歴史研究家高崎繁雄氏よりそのコピーを寄贈されたので、以下の記述はおもにこの基本資料集によることをあらかじめおことわりしておきたい。

林家叙爵請願の難航

さて、四谷左門町十四番地に分家独立して陸軍省に奉職していた広部精が、明治二十二年になってから活発に動き出したのは理由のないことではない。

同年二月十一日、政府は大日本帝国憲法発布を記念して大赦をおこなうと同時に、幕末に勤王の志士として挺身した者たちに贈位した。藤田東湖、佐久間象山、吉田松陰は正四位。

しかしここで注目すべきは、西南戦争の賊徒西郷隆盛にはさらに上位の正三位が追贈されたことであった。その根拠を、『明治天皇紀』第七はつぎのようなものとしている。

隆盛は維新の元勲にして、大政復古の偉業に与《あず》かりて其の功績甚だ顕著なり、不幸にして叛乱の罪を得て、官位を褫奪《ちだつ》されたるも、今大赦の令あり、国事犯罪者は斉《ひと》しく恩典に浴する者なるが故に、茲《ここ》に旧勲を録し、曾《かつ》て享受せし位階に拠りて正三位を贈られしなり。

西郷隆盛が「叛乱の罪」を許されたのであれば、請西藩林家もまた戊辰戦争における抗敵の罪を不問に付され、伊達慶邦、松平容保たちとおなじく爵位を与えられてしかるべきだ、と精は考えたのである。

精がその思いを胸に、牛込弁天町百十番地に住んでいた林忠弘と会見したのは同年八月十一日のこと。翌日、忠弘は精がしばらく拝借したいと願った「系譜その他の諸書類」（『林家家格再興始末略』）を精究に送った。

これも『林家家格再興始末略』に収められている「林氏系譜略」は清和天皇を遠祖とし、林家初代の光政を経て十七代忠崇、十八代忠弘に至る長大なものだが、爵位を請願するにはこれが必要不可欠な書類なのである。

これを受けて精は、十三日付で、

「旧主家の件につき御相談致したく候間、来たる十八日午後三時頃林家まで御来車下されたく」（同）

との手紙を旧請西藩士たちに発送。当日指定時刻には、以下のようなメンバーが集まってきた。

伊能矢柄、大野友弥（以上は遊撃隊参加者）、加納佐太郎（不明、遊撃隊参加の加納作太郎のことか）、田中彦三郎（すでに死亡した田中兵左衛門の次男）、大野喜六（戦死した大野禧十郎の一族）、田中文助（広部周助四男）、善場雄次郎（同次男）、広部軍司（同六男）。

精がこれら旧請西藩士たちを集めたのは、林家への爵位請願書を作成し、各自に署名捺印を求めるためであった。

その後かれは伯爵に叙されている勝海舟とも相談したうえで、土佐藩出身の田中光顕《みつあき》子爵に接触することにした。田中は幕末に非命に斃れた志士たちを顕彰することに熱心な人物であったから、精はその人柄を見こんだのであろう。

九月十日、麴町元園町の屋敷を訪れた精に対し、田中は「種々教示」してくれるやさしさを見せた。翌十一日、精が土方久元《ひじかたひさもと》子爵・宮内大臣と一番町の官邸で面会することができたのも、田中の口添えがあったためかと思われる。田中と土方はともに中岡慎太郎の同志だったから、なおも親交があった。

この時精が提出した請願書は『林家家格再興始末略』全六十三ページ中五ページにわたる長大なものなので、その結尾の一節のみを紹介しておく。

伏して願わくば、閣下、憐小救弱の仁を垂れ、時に随《したが》い上奏の労を執《と》られ、林忠弘もまた特旨の恩命に拠り華族の末班《まつばん》に列せられんことを。謹んで「林氏系譜」一本を献ず。参観を賜わらば幸甚。

ここに林忠弘とのみあって忠崇の名が欠けているのは、爵位を持てるのは華族の家の当主だけだからにほかならない。ただし当主ではなくてもおなじ戸籍に入っている者は華族であり、これを「無爵華族」と称する。忠弘が「華族の末班」すなわち男爵に叙されるなら忠崇も無爵華族となり得るわけで、右の文章は貧困に苦しむ忠崇の救済をも睨みあわせた苦心の作であった。

ちなみに精が田中光顕ではなく土方久元に請願書を提出したのは、宮内大臣が華族を管掌することになっていたためである。

土方は右の請願書をその場で一読し、精に答えた。

「篤《とく》と調査の上、何分の沙汰に及ぶべき旨」（同）

土方が宮内省爵位局へ話を通してくれたため、九月二十日、精は同局の桂潜太郎主事のもとへ出頭。桂から「林氏一族中、華族に係わる者の姓名および縁故の概略書」を提出するよう求められたので、二十三日に再出頭して「林忠弘一族書」を手わたした。

諸侯のころの藩名を補って紹介すると、そこに記されていた五人の姓名は左のごとし。

伯爵小笠原忠忱《ただのぶ》（豊前小倉、のち香春、さらにのち豊津藩）
子爵小笠原貞孚《さだちか》（播磨安志藩）
子爵小笠原長育《ながなり》（越前勝山藩）
子爵小笠原寿長《ひさなが》（豊前千束藩）
子爵小笠原長生《ながなり》（肥前唐津藩）

すると二十四日、土方家の家扶《かふ》（家令の補佐役）から二、三日中に再訪するよう伝えてきたため、精は二十六日ふたたび宮内大臣官邸に出むいた。

この時の土方のことばを、精は「大臣曰く」として詳しく書きとめている。

「林家請願の件は、それぞれ調査せしめたるに事情すこぶる憫然《びんぜん》、かつ恩命を蒙むるべき資格あるものと認めらる」（『林家家格再興始末略』）

口頭とはいえ宮内大臣が林家には華族に列する資格があると認定したのだから、精は欣喜雀躍しかけたことであろう。

しかし、喜ぶのはまだ早かった。土方はこれにいくつかの条件をつけたのである。

便宜上その条件を①から③として口語訳すると、つぎのようになる。
①士族平民が宮内大臣に請願をおこなう場合は、直接ではなく、府県庁を経て宮内省へ話を通すという手続きを踏まねばならないことになっている。
②ただし「林忠弘一族書」によると小笠原諸家は林氏の一族のようだから、これらの諸家から本省に請願するのであれば大いに便宜をはかることができる。
③また、林家には財産が若干あるという証言がほしい。本省の内規では、華族たるものは年ごとの収益が最低でも五百円はあがる財産を所有しなければならないことになっているので、とくと御承知ありたい。
①にいう迂遠な方法は②によって回避可能となるわけだが、問題は③であった。
最低収益を年に五百円生み出す財産——これをすべて現金と仮定し、ついでに金利を年に五パーセントとすると、大ざっぱにいっても基金は約一万円必要になる。この時代の一万円は現代でいえば数千万円となるから、領地から屋敷まで没収されている林家にはそろえようもない額面で

あった。

ここからにわかに、精の林家家格再興運動は迷走の色を深めてゆく。

小笠原諸家に援助を乞う

困った広部精が②の条件に従って九月二十六日に訪ねた先は、牛込の小笠原長育子爵邸であった。本来、第一に相談すべき一族は小笠原本家の忠忱伯《はく》であったが、忠忱伯が旅行中だったため長育子《し》を訪問したのである。

精は長育子に③の条件をうちあけて経済的援助を乞うたものと思われるが、『林家家格再興始末略』は小笠原諸家には遠慮した筆づかいになっていてそうと明確には書いていない。

いずれにしても長育子は「精神」的には「何とか補助」したい、しかし「本家小笠原家へ相談の都合もこれあり」として体よく逃げを打ち、かわりに小石川水道町の南部信民子爵（元陸奥七《しち》戸《のへ》藩主）、本所相生《あいおい》町の柳沢光邦子爵（元越後黒川藩主）への紹介状を差し出した。七戸藩南部家は盛岡南部家の分家筋、南部藩と黒川藩とは奥羽越列藩同盟に参加した藩だから、これは忠崇の昔の同志に助力を仰げばどうか、という意味にほかならない。

それでも精は、翌日のうちに両家を訪問。双方から「配慮すべき旨」返事をもらい、大野友弥、伊能矢柄らと会合するかたわら伊達宗基《むねもと》伯爵（元仙台藩）、山川浩陸軍少将（元会津藩家老）、北白川宮能久親王（元輪王寺宮）を歴訪して助力を求めた。

だが、これらの諸家からはかばかしい答えは得られなかった。伊達伯、北白川宮家からは家計困難を理由に依頼に応じかねるとの返事がきたし、十月五日には小笠原本家の忠忱伯までが、

「御財産の点に至りては、近来弊家家事多端にして余財これなく、遺憾ながら貴需に応じかね候」

と家令の平井淳麿を介して伝えてきた。

南部子、柳沢子、山川家からの答えが『林家家格再興始末略』に記載されていないのも、首尾よい返事は得られなかったためとしか思えない。かくて、一族および幕末に忠崇が同盟した旧大名家から寄付を集めることは絶望的な状況となった。

しかし精は、これでもうすべてを諦めてしまうようなタイプではなかった。

長育子が精に筆写することを許した南部子・柳沢子宛の紹介状には、

「（請西藩林家）旧臣一同の熱心（略）、至極もっともなる事と察せられ候」

とあった。また忠忱伯の家令平井淳麿からの十月五日付書簡にも、

「林家、華族に御班列（を）御冀望《きぼう》の儀はごもっともの御事、一族中にも定めて異議これあるま

じく」

という一節があった。

要するに忠忱伯、長育子は、③のために金銭的協力をすることは厭でも、林家の家格再興にまで異を唱えているわけではないのである。

そこで精は、十月十二日に忠忱伯邸において林家親戚代表の一色健郎と面談。ともに貞孚を訪ね、ふたたび忠忱伯邸にもどって平井家令と相談するなどしてようやく請願者を小笠原諸家と定め、この線から宮内省爵位局と交渉してもらうことにした。

また、精が中心となって作成した請願書には忠忱伯、貞孚子、長育子が捺印してくれたので、かれは十四日に宮内省爵位局へ出頭して桂潜太郎主事にこれを手わたした。

ではこの間、精が林家の財産の件（③）をどのように解決しようとしていたかというと、かれは目標額を六千八百円と定め、林家の親戚旧臣たちから寄付を募るつもりであった。

だが、二十六日に忠忱伯、一色健郎、精の三人が爵位局へいったところ、つぎのようなことがわかった。

請願本人において保証これなき上は、他の親戚旧臣等よりそれぞれ証明の手順を立てて、これをもって請願本人たる伯爵殿等に托するのほか致し方なし。

忠忱伯を代表とする請願者が同時に林家に相応の財産ありと保証するのでない限り、親戚旧臣たちから集めた金は、だれがいくら出したという証明書つきで請願者に委託しなければならない、というわけである。そのために精は、二十七日から十一月二十一日にかけて善場雄次郎、田中文助、加納佐太郎、貞孚子、一色健郎、林忠弘らの間を駆けまわった。

ところがその直後に、大事件が発生した。それに関する『林家家格再興始末略』の文章はやや意味のつかみにくいきらいがあるが、とりあえず読み下しを紹介してから、解釈をこころみる。

> （十一月）二十二日午後二時（略）、小笠原伯爵家に往《ゆ》き平井、北沢両氏（後者も家令か）に面会し、親戚旧臣より証明に対する数千円の証券等を交付す。その後林主人（忠弘）、善場氏等屢次《るじ》（しばしば）一色氏を訪《おとな》う。皆遇わず。精もまた両次これを訪う。また遇わず。ついで書を送る。回答を得ず。のち林家より一色氏に委託の金員につき紛紜《ふんうん》を生ぜり。

わかりやすくいえば、林家に相応の財産があることを示すために諸方から寄付された現金や証券は、まず精と林忠弘両者の手元に別々に保管された、ということであろう。

精の元に集まった「数千円の証券等」（おそらく旧臣たちの拠出分）は、この日精から忠忱伯の家令へと手わたされた。

忠弘の元に集まった「金員」（おそらく親戚たちの拠出分）は、親戚代表の一色健郎という人物に一時「委托」された。こちらの「金員」は一色家から忠忱伯へ届けられ、精の持参した分とあわせて林家の財産を証明するのにつかわれる予定だったと思われる。

ところが、一色健郎の預かった分に「紛紜」を生じた。一色家は林家の親戚だけに、精は抽象的にしか書いていないが、これは一色家「委托」分のすべてないし一部が①紛失した、②着服された、③一時私用に充てられた、かのいずれかであろう。

ともかく目標額六千八百円を忠忱伯に依托するという精の計画は、こうして狂った。誤解が誤解を呼んだのか、その後貞孚子と精との仲は「不穏の交際」となってしまい、旧臣たちの間にもこの運動から手を引く者がめだってきた。

困った精が北白川宮に相談をもちかけたところ、これがまた裏目に出た。それを聞きつけた忠忱伯が臍《へそ》を曲げ、十一月十九日に貞孚子を同行して宮内省爵位局におもむくや、勝手に請願書を取り下げてしまったのである。

忠忱伯が林忠弘にこれを報じたのは、なんと十二月十一日になってからのこと。そのショックのためか、腹痛を起こして臥せってしまった忠弘から精に連絡がいったのは十二日のことだから、

「この下げ戻しにつき、すこぶる不快を感ぜり」

と精が記録しているのはまことにもっともというべきだろう。暮れも押しつまった二十七日、

精は忠忱伯邸へ出かけ、「委托物件」を取りもどし提供者の元へ返してまわった。

精の配った二十九日付の挨拶状も、『林家家格再興始末略』に収められている。

……これまで諸君に徒労（を）相掛け候段、深く恥じ入り申し候。向来（今後）はこの件につき、強いてお勧めつかまつらず候間、賛否とも腹蔵御座なくお示し下されたし。小生は存生中、決して断念つかまつらず候、……。

これに接し、なおも行動をともにすると確答したのは加納佐太郎、大野喜六、田中文助、善場雄次郎の四人だけだったという。

「拙者、現今当府（大阪府）西区書記に奉職致しおり候えども、薄給にして事務繁雑」という手紙を忠崇が精宛に送ったのも、もはや精の不屈の精神にすがるしかふたたび世に出る道はない、と痛感したためであったろう。

右の手紙が執筆されたのは明治二十三年二月二十六日のことだが、つづいて三月七日にも忠崇は精に綿々たる一文を投じている。精は運動の詳細を、逐一かれに報告していたようだ。

その三月七日付の手紙の一節、――。

……親族その他の事情を察するに嘆息の事のみ多く候。もし貴地において生活の道相立ち候わば、万事御協議申し上げたし。（略）談件につき故障等申す輩あらんには、拙者不弁《ふべん》（貧

窮）といえども断然論破致すべき覚悟に候。これ単に富貴を希望するにあらず。その位地におい
て当《まさ》に然《しか》るべきことと存じ候。而して尊君の林家に対する御篤志を永く相伝え、かつ尊君の御孝心を表したく候。実にこれがため、拙者貴地に移住の御尽力、ひたすら御配慮（を）祈りたてまつり候。……

自分が東京に出て直接小笠原諸家と相談できさえすれば、と忠崇が焦燥を深めていたことがわかる。かれが妻チヱと娘ミツをつれ、東京へ転居する資金にすら事欠いていたことも読み取れる。元大名が旧臣の息子に対し、終始敬語を用いていることからも切迫した事情がうかがわれるが、忠崇は右の手紙の末尾に和歌を二首添えていた。

広部精君の林家のために尽力せらるるよしを聞きて

君ならでたれかは汲まん山の井の深き岩根にめぐる清水を

寄月述懐

むら雲によしへだつともまどかなる月の光りや空に知られん

和歌に思いを托すしかなくなっているところに、元大名の育ちの良さと実社会における生活能力の欠如とがふたつながらあらわれているといえようか。

『海舟日記』を読むと、明治二十年になってもまだ独力で生活することができず、勝海舟宅へ金の無心にやってくる旧幕臣もいたことが知れる。村上俊五郎という者などは再三再四借金を申し入れたあげく破産してしまい、ついには割腹（おそらくは真似事）をして「生前香奠《こうでん》として百円」をせしめたほどである。

明治という名の新時代についに馴染めなかった士族もいたわけだが、明治二十三年になってもまだ陋巷にのたうつがごとき人生を送っていた元大名は、日本広しといえどもひとり林忠崇のみであった。

財産保証問題の桎梏

さらに、広部精の林家家格再興運動がどのようにして大団円を迎えたのかを見てゆく。

小笠原諸家および宮内省爵位局の態度に変化が兆したのは、明治二十三年十月以降のことであった。同月の一日あるいは二日、小笠原忠忱伯爵が宮内省へゆくと、岩倉具定《ともさだ》爵位局長が告げた。

「林家財産を出願者において保証せざるならば、これを寄付する親戚旧臣等の所有財産の取調書を差し出すべし」（『林家家格再興始末略』）

小笠原諸家が林家叙爵請願書を取り下げた原因を、岩倉は財産保証問題にあると見抜いていたようだ。だからこそいずれ小笠原諸家が再出願するとしても、「林家財産」については、寄付する者たちの所有財産を申告するだけでよい、と条件をゆるめてくれたのであろう。

忠忱伯からそうと伝えられた精と協力者たちは、「勢い止むを得ざるにより」、それぞれが不動産を有する町村の役場へ出頭。その所有証明書を交付してもらい、忠忱伯へ届けた。

ということは、この時までに忠忱伯が態度をやわらげ、ふたたび林家叙爵のための請願者になってもよいと精に伝えていたものと思われる。ここから精と忠忱伯とはもう一度協力して動きはじめ、十月二十八日にはそろって宮内省に岩倉爵位局長を訪ねた。

この時、忠忱伯は精を応接所に長時間待たせておいて自分だけ岩倉に会見し、しかるのち精に岩倉のことばを伝えた。

岩倉はこういったとのことであった。

「今日、林家を華族に列せらるることは宮内省一般の決《（結）》論なれば、多分、天皇陛下にも御不同意なかるべし」

ついに林家再興運動は、成功する目星がついたのである。

ただし忠忱伯は、精にこうもいった。

「故に寄付せんとする財産は、この際林家の名義に書き改め、林家の財産となりたるものを差し出すも後来さのみ不都合なかるべし。これ、爵位局長の旨なり」

精とその協力者たちの寄付を林家の名義に書き改めてしまうと、だれがどれだけ寄付したものかはわからなくなる。忠忱伯としては、自分が身銭を切らないにもかかわらず、宮内省に対して一部を負担したような顔をできることになるわけで、忠忱伯がこれは自分の考えではない、「爵位局長の旨である」とつけ加えたのは一種の自己弁護としか思えない。

それでも忠忱伯は、これでは俗にいう「人の褌《ふんどし》で相撲を取る」形になりすぎると考え直したものか、精に誓ってみせた。

「忠忱においても（略）林家財産の幾分（か）を助くるため、第十五国立銀行株券を原価にて譲りわたすことは御引き受け申すべし」

しかしこれは、口先だけのことであった。精が忠忱伯と別れたあと、平井家令が「主人（忠忱伯）の命」として、

「当家において保証に立つことは、目下何分行なわれ難く候」

と、あっさり前言取り消しを通達してきたのである。

林家の財産形成は、ここに至って精の双肩にかかってきた。精は当時の気持を、「騎虎の勢い、今更中止も出来ざれば」と『林家家格再興始末略』に書いている。

その後、精が第一におこなったのは、忠崇を大阪から上京させて牛込区牛込弁天町五十七番地に住まわせることであった。精の財力については後述するが、これは当然かれが忠崇を大阪府から退職させたことをも意味する。

右の番地の土地建物は精の所有物件であったらしく、それまで精はここに「小生の捨子」（非嫡出子という意味か）の岩崎窕《ちょう》という女性を住まわせ、おなじ番地に本籍を置かせていた。年月日不明ながら、その家に忠崇一家が転居した（あるいは岩崎窕と同居した）ということは、精が忠崇一家の生活の面倒をことごとく見るようになったことを物語る。

ところでこのころ忠崇の戸籍がどうなっていたかというと、林家を相続した忠弘が四谷区四谷左門町二十七番地を本籍地としていたのに対し、忠崇は明治十二年十月二十三日付で深川区西森下町十一番地に別戸していた。

それを知った精の第二の行動は、忠崇を岩崎窕の養父として入籍させ、窕を林姓に変えてしまうことであった。はなはだ複雑な手続きだが、こうすると窕の実父精と養父忠崇との間には縁戚関係が発生したことになる。すると林家の家格再興運動をつづけるにあたり、精は「親族総代の資格」で「それぞれの書類に調印」したり、「区役所へ差し出し」たりできるようになる、という計算であった。

第三に精は、自分の「旧友」であり、小笠原貞孚子爵と「親交のあるもの」でもある二名に間に立ってもらい、こじれたままになっていた貞孚子との関係を修復することに成功。四谷の伊勢虎楼に貞孚子と忠崇とを招いて一宴を張るなど、着々と布石を打っていった。

これら精の苦心は、その協力者であり次兄でもある善場雄次郎を介し、明治二十五年三月以前には長兄広部五郎右衛門の耳にも入っていた。

広部家は、もともと旧請西藩領上根岸村の名主である。村役人を兼ねていたため、献兎賜盃の行事に先立って毎年年末には上根岸村のうちで兎狩りをおこない、林家江戸藩邸へこれを届けるという行事の責任者をもつとめていた。

そんな家柄だけに、

「上根岸村は見わたすかぎり広部一族の所有地でした」

と、二十代目広部周助氏は筆者に語ったことがある。精にしても、十六代目の広部周助亡きあとに相応の財産分与を受けていたから、忠崇一家の生活を保証することもできたのである。

さて、今や広部家当主となっていた五郎右衛門は、同年三月二十七日、一族の「池田氏」をつれて上根岸村から上京。二十七、二十八の両日、善場雄次郎、田中文助の弟ふたりと「林家財産の事を協議」したが、結論には達しなかった。

あけて二十九日、広部五郎右衛門は「池田氏」、精、林忠崇・忠弘とともに河田町の忠忱伯邸を訪問。平井家令に会い、林家の財産形成問題はこちらで処理するから爵位を再出願する時には忠忱伯に請願者になってほしい、と頼むと、平井はこれを「領諾」した。

そこで四月三十日、五郎右衛門は「池田氏所有地七町歩余の所有権」を林家に移し、その証拠書類と所得高調書を作成して忠忱伯に届け出たのである。

それに先んじ、林忠弘がたまたま播磨の旧領へ帰っていた小笠原貞孚子に事態好転を伝えたところ、貞孚子も四月二十七日付で率直な感想を寄せてきた。

追って談件御進歩、数町歩の御地所（を）すでに御所有に相属し候趣、愛《め》でたき御事と存じ候。かくのごとくんば、今回は異議なく御願意御成就（と）相信じ申し候。

そこでようやく忠忱伯は、二十五年五月、請願書に諸書類を添えて宮内省爵位局への再提出に踏みきった。

ところがまたここに、思わざる事態が発生した。今度は忠忱伯側ではなく爵位局側が、書類下げ戻しを通達してきたのである。その理由を『林家家格再興始末略』は、

「財産の件につき、なお不完全の点あるがため」
と書いている。財産が「不完全」とは、不充分ということ。広部家のその後の対応から見ても、爵位局は上根岸村の「七町歩余」の土地では、年利五百円を生むには足りない、と判断したに違いない。

ここにおいて他の同志者は勿論、忠崇君の如きもすこぶる失望絶念の色あるを覚うに至る。

精がつづけて書いているのは、これにて万事休す、という暗澹たる思いが広部家三兄弟の間にも黒雲のようにひろがったためであろう。

ついに華族に列せられる

しかし、このあと家格再興運動には強力な味方が出現した。

広部清兵衛。二十代目広部周助氏によれば、清兵衛は広部本家からは遠縁の者ながら、広部一門屈指の富豪で、神田に広部銀行を経営していた。精もその重役陣に名をつらね、別の事業にも参加していたそうだから、精が清兵衛を最後の頼みの綱としたのも当然であったろう。

一方、二十六年一月を迎えると林忠弘は「家計上はなはだ逼迫《ひっぱく》」し、「毎度御都合相願いたく」と精に泣きついてくるまでになった。そんななかで広部清兵衛と忠崇・忠弘とを引き合わせるなど苦心をつづけた精は、ついに忠弘の借金まで肩代わり。同年三月には忠弘一家をこれも自分の所有する四谷永住町二番地の家に転居させるなどして、旧主林家のために尽くしつづけた。

これを見た清兵衛は、三月三日付で麻布三河台町に所有していた宅地の所有権を林家に名義変更。あわせて千葉県望陀郡中川村のうちにある田地、および三河台町の宅地から得られる所得高の調書まで作成し、忠忱伯へ届けて後事を托した。

その後、小笠原長育子爵も忠忱伯、貞孚子に協力するようになったため、忠忱伯らはついに三度目の請願書提出にむかって動きはじめることになった。

精も、今度ばかりは請願が確実に受理されると信じていた節がある。

ここでふたたび忠崇の戸籍問題を振り返っておくと、明治二十四年八月二十九日の時点で、かれは牛込区牛込弁天町五十七番地の本籍から養女林窕を離縁していた。むろんこれは精の指示に従ったのであろうが、これによって右の戸籍は忠崇と妻チヱ、次女ミツだけのものになった。

ついで忠崇一家は、二十六年四月十四日、四谷区四谷左門町二十七番地に置かれていた戸主林忠弘の戸籍に入籍した。忠崇は「前戸主」かつ戸主の「養兄」として、チヱは「養兄妻」、ミツは戸主の「姪」として、である（「戸主林忠弘　除籍簿謄本　抄」）。

これもすでに述べたように、華族とおなじ戸籍に入っている者は無爵華族となることができる。

この時期、精は忠弘の叙爵が確実と見たからこそ、別戸を立てていた忠崇をまず忠弘の戸籍に復籍させて吉報を待つ気になったのである。

そして五月、すでに自分たちが林家のために自腹を切る必要はないとわかっていた小笠原諸家は、いよいよ宮内省へ三度目の請願書を差し出した。

その起草者は、広部精。今日なお未翻刻のまま『林家家格再興始末略』のうちに眠っていることの文書は、爵位請願というまことに珍しい運動がどのようにすすめられたかを伝える貴重な史料といってよい。大名自身が脱藩するという行為がいかに甚大な余波を巻き起こしたかを物語る文章でもあるので、繁を厭わずその全文を読み下してゆく。

東京府士族

林忠弘 幼名藤助

右林忠弘は、旧請西藩主林肥後守忠交の嫡子にして、忠恍等同祖の後裔なり。慶応三年六月、林肥後守任地伏水《ふしみ》（伏見）に病卒の後、藤助幼少の故《ゆえ》をもって肥後守異母弟昌之助をして一時家名を継襲せしむ。慶応四年、国家紛擾《ふんじょう》に際し、昌之助方向を誤り同志の士三十余名を率い、藩を脱して各地に出没、数回王師に抗抵《こうてい》す。

これより先、同藩の重役鵜殿伝右衛門、田中兵左衛門等京師にありて書を上《たてまつ》り、昌之助を廃し故肥後守嫡子藤助を立て、藩主となしこれを輔《たす》けて大義を守り、精忠を尽くし且つ領民を安撫せんことを懇願せり。

ここまでが、幕末における請西藩の内部事情の回想部分。以後、精は維新後の林家の困窮と、明治二十二年二月、大日本帝国憲法発布を記念しておこなわれた大赦に触れ、最後に希望を述べる、という筆法をとっている。

明治二年六月、朝廷林藤助に禄三百石を賜う。のち七十五石に減ぜられ、また三十五石に減ぜられ、士族に編籍せらる。これひとえに昌之助（の）所為《しょい》（所業）の余罪にして、また奈何《いかん》ともすべきなし。仰ぎて惟《おもん》みれば、近時、聖朝日新の徳、旧罪を特赦し旧績を表彰し、前古未聞、昭代の義挙、感泣の至りに堪えざるなり。ひそかに惟みれば、閣下愛憐を垂れ、時に随い上奏の労を執《と》られ、忠弘もまた特旨の恩命により華族の末班に列せられ、祖先の光栄を復することを得ば、無上の洪恩報ずるところを知らず。これ忠忱等の懇請するところなり、謹言。

明治廿六年五月　日

子爵小笠原長育
子爵小笠原貞孚

伯爵小笠原忠忱

宮内大臣子爵土方久元殿

その後も「林家御財産の件」につき、宮内省爵位局からは精に問うところがあった。だが、長育子が土方宮内大臣との間を何度も往復してくれたため、別に問題は起こらなかった。

そして同年十月二十七日には、宮内省爵位局から精につぎのような連絡があった。

林忠弘殿事、近日恩命（叙爵）の運《はこ》びに成らせらるべき趣、ついては御本人御身体すなわち疾病、旅行、ならびに住所移動等の有無、明二十八日午前中に御申し出（に）相成りたく、長官の命により御通達申し上げ候。

宮内省爵位局がつねに精を介して林家に接触したのは、いささかトリッキーな方法ながら精が林家の親族代表の資格を得たうえで行動しているからである。それにしても、右の問い合わせは入社試験でいえば採用内定後に身体検査を受けさせられるようなものだから、ここまでくればもう障害はなかった。

精が二十八日午前中、右の質問に対して「林忠弘身上異状なき旨」を口頭で答えると、午後には宮内省の鍋島直《なおひろ》大式部長官から召し状を与えられた。

精はこれを押しいただいて林忠弘方へ直行し、忠弘が開封するや目を皿のようにして字句を追ったであろう。召し状の内容は左のようなものであった。

> 来たる三十日授爵相成り候条、通常礼服燕尾服着用、午前九時三十分参内これあるべく候也。
>
> 明治廿六年十月廿八日
>
> 式部長侯爵鍋島直大

当日、指定の燕尾服姿で宮中の鳳凰の間へ参内した忠弘には、文書二通が手交された。一通目は、宮内省より忠弘宛の、「特旨をもって華族に列せらる」との達し書き。二通目は「授　男爵」とだけしかない文書ながら、こちらには御名御璽《ぎょめいぎょじ》があり、宮内大臣勲一等子爵土方久元も花押《かおう》を捺していた。

この授爵式について、『明治天皇紀』第八は書いている。

> 忠弘は旧請西藩主林忠交の嫡子なり、維新の際叔父忠崇藩主として方向を誤り、王師に抗せし罪に坐し、忠弘家名を継承すと雖も、士族に貶せられ、禄纔《わず》かに三十五石を給せらるゝに至る、朝議忠弘の罪なく、旧藩主の家を以て独り華族に列せられざるを憫《あわれ》み、特に此の恩典あり。

この文章は、五月に提出された広部精執筆、小笠原長育子・貞孚子・忠忱伯を請願者とする願書の論理をほとんど批判なく受け入れたうえで書かれている。これは、朝議が請願者の訴えるところをほぼすんなりと認めたことを証拠立てる。

ただし筆者が、今「すんなり」ではなく「ほぼすんなり」と書いたのは理由のないことではない。上述のごとく林家以外の元大名家は、最低でも子爵を授けられていた。なのに、ひとり林家のみが男爵に止め置かれた理由はなにか。

それはこの叙爵が、さる内規にもとづいておこなわれたからである。浅見雅男『華族たちの近代』は、非公開であったその内規を左のように発掘紹介している。

「子爵に叙せらるべき者」の条件は、「旧藩知事　即ち現米五万石未満及び一新（維新）前旧諸侯たりし者」（他の二カ条を略す）。「男爵に叙せらるべき者」のそれは、「一新後華族に列せられたる者」（他一カ条を略す）。

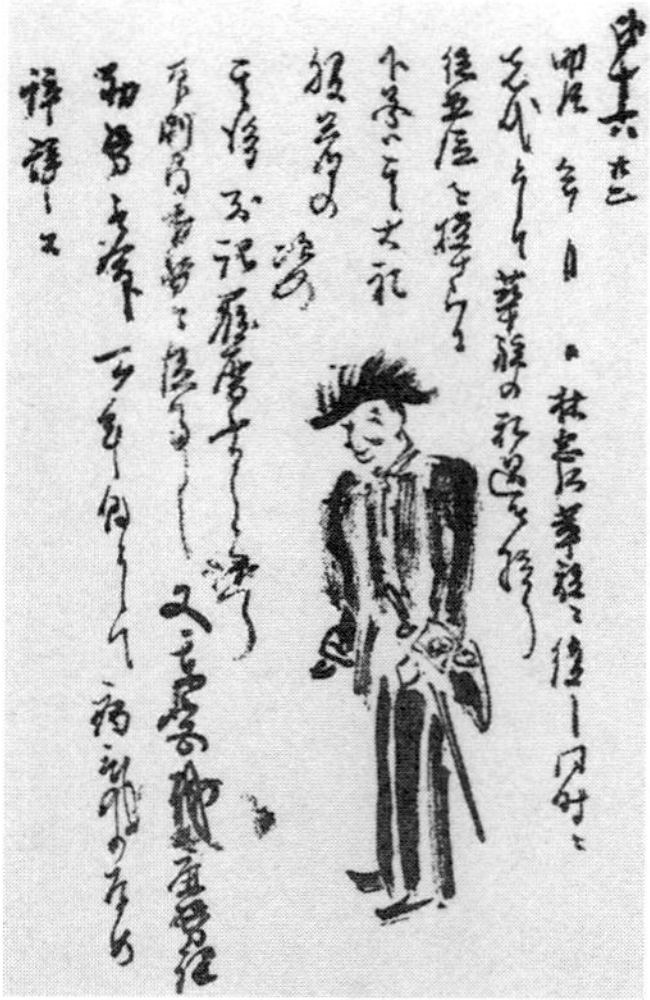
大礼服姿の忠崇

林忠弘はまず華族に列せられて男爵に叙される条件を満たしたわけだが、維新前から旧諸侯たりし者とは認められなかったから子爵にはなれなかったのである。

ここにも旧請西藩は維新前に消滅してい

た、という政府側の認識は生きていた。藩主みずから脱藩するという忠崇の行為は、このようなところまで尾を曳きつづけたともいえる。

いずれにしても、こうして林家は旧幕時代に近い家格を再興することはできた。忠崇の脱藩した慶応四年から数えれば、実に四半世紀後の出来事であった。

ちなみに『おもひ出くさ』収録の忠崇の自画像のうちには、かれが大礼服に帯剣して頭にナポレオン帽式の正帽をかむっている一葉がある。この絵に忠崇は、

「明治(欠)年(欠)月(欠)日、林忠弘華族と復し、同時に先代として華族の礼遇を賜り、従五位を授けらる」

と付記しているが、ここに出る「華族の礼遇」とは、忠崇が無爵華族として扱われるようになったことを意味する。

だが忠崇は、忠弘が男爵を授けられると同時に従五位に叙されたのではない。忠弘が従五位に叙されたのは二十六年十一月十日のこと、忠崇がおなじ位階を与えられたのは二十七年三月二十日のことであった。

時に忠崇、数え四十七歳。かれは名誉が回復されたことを無上の喜びと感じたらしく、同年五月五日には旧請西藩関係者に、

「旧請西藩主　従五位　林忠崇 印」

と自署捺印した桐箱入り、朱塗りの木盃を配布した。

直径三寸ほどのその木盃に金箔で描かれていたのは、むろん「丸の内三頭左巴に下一文字」の林家家紋。林家が一文字大名といわれるゆえんを示すべく、徳川家から授けられたあの拝領紋であった。

第七章

最後の大名、昭和に死す

忠崇の晩年

華族はいうまでもなく特権階級であり、その特権としてはつぎのような諸点をあげることができる。

特別に保護される世襲財産を設定できること、貴族院議員に勅選されること、爵位を世襲できること、宮中席次を保有できること、保護賜金または恵恤金《けいじゅつ》が定期的に与えられること、特定の官職に就任できること、……。

林忠崇も明治二十七年（一八九四）九月、宮内省の一部局である東宮職《とうぐうしき》（皇太子に関する事務をつかさどる役所）へ出仕となり、その庶務課に勤務した。

しかし、この生活はさほど長くはつづかなかった。かれは「病のため職を去り、旧領地に治療」せざるを得なくなったのである。

「一夢林翁戊辰出陣記」には病名も退職年月日も欠けているが、忠崇が旧請西藩領に病を養うことになったのは、明治三十年四月以前に違いない。というのも同年四月三、四の両日には忠崇を祭主とし、千葉県君津郡鹿野山《かのうざん》において旧請西藩戦病者祭典がおこなわれたからである（「旧請西藩戦病者祭典内規」『林侯家関係資料集』）。

鹿野山に建立された記念碑の、「招魂之碑」という文字は榎本武揚子爵の書。背面には北爪貢、吉田柳助、諏訪数馬ら、忠崇とともに脱藩して戦病死した十六名の名が刻まれた。

その後、明治三十二年のなかばまでに忠崇は健康を取りもどし、同年七月からは日光東照宮に神職拝殿詰めとして勤務することになった。日光東照宮は徳川家康の廟地だから、佐幕一途の思いに駆られて脱藩した忠崇にとり、その霊に奉仕する日々に否やはなかったことであろう。

『おもひ出くさ』には、

「東照宮神職就任の時よめる　明治三十二年七月二十二日」

と詞書《ことばが》きした一首がふくまれている。

今日よりは色もまじへぬ白衣着《き》つつ仕へん神のみまへに

この時代の逸話としては、これまでは林勲の筆によって以下のような一場面が伝えられてきただけであった。

筆者、老公（忠崇）の晩年知遇を辱知《じよくち》した時分のお話。「当時、東照宮祭典に奉仕の際、拝をなしたる時、ご覧の如く、私は頭が長い為、生憎《あいにく》、冠がすっぽりと脱げた、はて困ったとは思ったが、こんな時あわててはならぬと、左の掌を冠諸共《もろとも》額に当て、徐《おもむ》ろに頭を起して、

日光東照宮神職に就任した忠崇

事無きを得た」と哄笑された。
（『林侯家関係資料集』解説）

しかし、東照宮社務所の「日誌」明治三十四年一月一日のくだりには、なんとこうあるではないか。

一、林忠崇より御吉例に依り兎一羽献備す。

日光東照宮禰宜高藤晴俊氏の御教示によれば、今日も東照宮の歳旦祭《さいたんさい》（元旦におこなわれる祭祀）の神饌には兎が供えられるという。しかもこれは江戸時代の史料には見えない慣習だそうだから、忠崇が神職拝殿詰めだった時代から始まったことと判断してよいと思う。

献兎賜盃――幕府年中行事の筆頭を飾ったならわしのうち「献兎」の部分は、第一番に「賜盃」を受けることを許された一文字大名の手により、東照宮歳旦祭に採り入れられて現代にまで伝えられているのである。

その忠崇は、同年七月五日に右の職を退任し、東京へ帰ってきた。かれは理由を「家事のため」（『一夢林翁戊辰出陣記』）としか書いていないが、あるいはこの「家事」とは、妻チヱが病いがちになったことを示すのかも知れない。

チヱはそれから約二年半後の明治三十七年三月二十二日、本郷区湯島五丁目の順天堂医院において死亡した。享年数え五十一、二月中には日露戦争が始まっていた。

また、これも「一夢林翁戊辰出陣記」に記述が欠けているため確定しにくいのだが、日光から帰京後の忠崇は、一時大蔵省印刷局に出仕していた可能性がある。

というのも旧請西藩重臣田中兵左衛門の孫にあたる正は、昭和五十一年（一九七六）四月二十九日に林勲の訪問を受け、自分の「小僧時代」の思い出として忠崇との会話をこう語り残したからである。

忠崇は、田中正少年にいった。

「お前が十四、五才になれば、吾輩の勤務した印刷局に使って頂くようにしてやる」（『林侯家関係資料集』解説）

田中正は、明治二十四年十月生まれ。忠崇が「十四、五才になれば」といっている以上、これは正が十一、二歳の時のやりとりであろう。正の数え十一、二歳は明治三十四、五年。満年齢で計算しても三十五、六年のことになり、忠崇が帰京後、短期間大蔵省印刷局に勤めていたという想定に矛盾しない。

剣道着姿の忠崇　写真の裏書きには「老いぬれとすめらみくにゝ仇をなす敵し迫らは打懲しなむ」とある

その後、忠崇は健康に恵まれたらしく、忠弘の孫林忠昭氏の手元には忠崇が剣道用の稽古着に身をつつみ、二本の竹刀を左刀青眼、右刀上段に構えた写真が今も保存されている。「一刀日進流、二刀日進流」（日は月とも読める）という説明文には「六十六歳　大正二年（一九一三）六月二十五日」とも書かれているが、よく引き緊ったその顔だちは男臭く、四十代としか見えない。

その忠崇は第一次大戦さなかの大正四年三月、六十八歳にして岡山県下に転居した。ミツが同県苫田《とまた》郡津山町（津山市）に妹尾《せのお》銀行を経営する妹尾順平に嫁いだため、忠崇も同居することになったのである。

妹尾順平は明治十三年二月生まれ。同県真庭郡木山村（同郡落合町）の出身で、三十七年に専修学校（専修大学）を卒業した。四十三年、資本金五万円で妹尾銀行を開業したのだが、その本店は津山町のうちの坪井町二十四番地にあった。

妹尾銀行の二階の表は、鉄製の飾り格子だった。妹尾さんの奥さんが二階に住んでいた。奥さんのおとうさんが古武士風の人で、クサリ鎌を銀行の裏で教えていた。白い木の鎌だった。

これは昭和五十九年一月まで、元妹尾銀行の前に住んでいた井上保（明治四十二年生まれ）の回想（小谷善守「妹尾銀行物語」）。筆者の集めた資料のなかでは、唯一、津山時代の忠崇の面影を伝えるものである。

津山町林田《はいだ》にあった妹尾銀行の支店は、吹きぬけの天井から巨大なシャンデリアを吊り下げた妹尾順平自慢の建物であった。現在は津山洋学資料館となっているほどだから、妹尾家の財力のほどが察せられる。

さらに妹尾順平は大正九年の第十四次選挙に際し、立憲政友会から岡山八区に立候補して当選。これに勢いを得たのか、大正十年十二月における妹尾銀行の業績は資本金百万円、預金高三百五十一万二千四百五十四円、利益金三万二千四百五十四円に達し、配当率は十パーセントであった(同)。

しかし、ワンマンだったという順平が代議士として東京へ行っている時期が多くなったためか、その後妹尾銀行の経営は急速にゆきづまった。大正十一年六月、妹尾銀行は資本金六百五十万円

忠崇の次女ミツ

の第一合同銀行に吸収合併されてその津山支店となり、順平は横浜に本拠を移して会社経営に転じた。

その手がけた会社は、ふたつあった。横浜の大和商会と、東京の帝《みかど》商会。前者は貿易業、後者は人形の製作を業務としていたといわれるが、この時期、忠崇とミツが順平とともに暮らしていたのかどうかはもうわからなくなっている。

はっきりしているのは、ミツが昭和五年（一九三〇）八月十二日付で順平と協議離婚し、すでに数え八十三歳の高齢に達していた忠崇と東京へもどったということだけである。

岡山県真庭郡木山村大字下方《しもがた》千二百九十八番地の妹尾順平の戸籍から出たふたりは、四谷区左門町二十七番地に忠崇を戸主とする戸籍を再興。実際は芝区三田四国町十五番地に住み、ミツが同所でミカド商会を営んで生活を支えた。

このころから忠崇と交流しはじめた林勲は、

「（ミツは）当時、離婚した妹尾氏からの仕送りによって東京内有名デパートにフランス人形を製造し納めておるとのことであった」（『林侯家関係資料集』解説）

と書いている。ここから案ずるに、順平は横浜に出た当初から同所に帝商会を営んでおり、ミツが協議離婚の代償として帝商会あらためミカド商会の経営権を得たものか。

また林勲と並行して忠崇のインタビューを何度かこころみた笹本寅は、ミカド商会の二階八畳間は応接間になっており、忠崇は「離れの隠居部屋」に住んでいたとして、その暮らしぶりと横顔とをつぎのように描いている。

朝六時起床、規則正しい一日を送り、夜九時就寝、気が向くと「ミカド商会」支配人橋本学氏を相手に竹刀をとるといふ。

（略）身長五尺六寸、剣道で鍛えたからだゞけあつて、まだ少しも腰がまがつてゐない。

（略）たゞ耳が遠く、相当に大きな声をしないと通じない。通弁と称し、例によつて「ミカド商会」支配人橋本学氏が付添ふ。（「林遊撃隊長縦横談」）

さらにまた別の側面は、田中正の追憶談として林勲が記録している。

晩年の老公の生活は、淡々水の如く、歌道に書画風流の道に、また、非常に酒を嗜《たしな》むを以て、田中氏は断《ママ》えず之をお届け申したのであるが、令嬢ミツ子様が度に過ぎざらんようにとて、戸棚などにかくまへば、夜中起き出でて窃《ひそか》に嗜まるるを見ぬ振《ふり》して見過すを常とすと。

（『林侯家関係資料集』解説）

卒寿を迎えた忠崇

こうして忠崇は老いてなお矍鑠《かくしゃく》としたまま、昭和十二年（一九三七）に数え九十歳となった。

浮世は一夢の如し

同年一月十五日は、忠崇にとってはうれしい日となった。その記念写真の裏書きによれば、この日「従五位林忠崇（は）九十歳（の）高齢に達したる故」、宮中に招かれて菊の御紋章入りの銀盃一組、絹一匹、酒肴料などを下賜されたのである。

その絹によって黒紋付を仕立てた忠崇は、「丸の内三頭左巴に下一文字」の家紋を描かせることを忘れなかった。右に言及した記念写真とは、この紋羽織を着用のうえ同年五月八日に撮影されたものである。

またこの年は、慶応四年（一八六八、九月八日明治改元）から数えればちょうど七十年目にあたっていた。十一月十一日、忠崇は林家菩提寺である芝区愛宕下の青松寺において、戊辰戦争請西藩戦没者の招魂祭七十年祭を開催した。

記念碑である「追哀墳」に祀られた十六名の名は千葉県君津郡鹿野山のそれとおなじだが、その裏側にかれは手向けの一首を彫らせた。

散るとても花のかほり《ママ》は後《の》ちの世も人の袂にうつりこそすれ

詠み人を「上総国請西藩主林忠崇」としたのは、北爪貢、吉田柳助らの戦没者たちが無爵華族林忠崇にではなく、若き一文字大名に従って蹶起したものであることを後世に伝えたかったためであろう。追哀墳の建立をもって自身の卒寿《そつじゅ》の祝いに代えたところに、忠崇の万感の思いがこめられていた。

この七十年祭に出席した旧請西藩関係者の人数を、招かれたひとり佐藤善治郎は「六、七十人」としている（「維新の小田原戦争」）。だが伊能矢柄、檜山省吾、大野友弥ら生き残りの藩士は、すでに全員死亡。林家の家格再興に全身全霊を打ちこんだ広部精も明治四十二年八月に数え五十六歳で病死していたから、右の「六、七十人」とはすべて旧請西藩士の子や孫たちであった。

祭典がつつがなく終了し、場所を目黒の雅叙園にうつして宴会となってからの忠崇の姿も、佐藤善治郎が記録している。

それ等の人が挨拶に来ると、(忠崇は)戦死者の名を聴いて昨日の事の様に思い出し、親しく語られ、涙を浮べて慰めて居る。私に「維新の小田原戦争に就いて語れ」というから講話すると、翁は耳に手を当てて聴いて居られた。(同)

佐藤は私立学校神奈川学園を経営するかたわら、戊辰戦史を研究していた人物である。翌年、佐藤が忠崇に神奈川学園の講堂で生徒たちを相手に講演してくれるよう依頼すると、「九十一歳の老翁端然として登壇せられ、極めて簡単な挨拶をされた」(同)。

この時「数人の新聞記者」がやってきていたのは、忠崇が脱藩大名としてよりも、生きている大名、最後の大名として世に知られるようになっていたことを思わせる。

「現在に於て当時の事を思うと如何なる感想が浮びますか」(同)

と記者たちに問われ、忠崇は俳句で答えた。

「琴となり下駄となるのも桐の運」

味わいのあることばではある。

「健康法は如何《いかが》」

との質問には、

「浮世は一夢の如し」

と忠崇は答えた。

函館から座間の龍源院へ流れたころに如雲と号していたかれは、のちに一夢と雅号を改めていた。これはかれが、人生は一炊《いっすい》の夢の如し、との悟りの境地に達していたことを示すのであろう。

忠崇がおそらく八十八歳になる前に描き、林勲に与えた「老翁集酌酒談笑」図には、軽妙な狂歌三首が賛として添えられている。

冥土《めいど》からもしも迎ひが来たならば八十八を過《すご》してののち
冥土からまたもむかひが来たならば九十九迄は留主《るす》とこたへよ
留主といわば《ママ》またも迎ひが来る《きた》べしいつそいやだと言切るがよし

忠崇晩年の、ゆったりとした心持ちが滲んでいる。

その忠崇とミツ父娘は、昭和十五年三月一日に上述の住所から豊島区高田南町一丁目百一番地の高田荘へと転居した。これは高田荘というアパートへ入居したのではなく、ミツがアパートを経営してその一部を私宅としたのである。

ミツの経営していたミカド商会がどうなったかを示す記録はないが、林勲の長男栄一氏の直話によれば、同商会ではフランス人形のほかに上体を九十度折り曲げると「ママー」と声を出すママー人形も扱っていた。

一方、時代の変遷を眺めると、昭和十二年七月七日には盧溝橋《ろこうきょう》事件が起こって日中両国は全面戦争に突入。十三年からは軍事物資確保のため金属や棉製品の使用が統制され、十四年には第二次大戦が始まった。

同年にはデパートの歳末大売り出しも中止となり、門松は全廃されたほど。十五年には「贅沢品は敵だ！」の看板が東京にめだつようになって、欧米から伝わったスポーツの用語まで日本語に置き換えられた。

このような流れのなかではフランス人形、ママー人形も時代の波をかぶらざるを得なかったから、ミツは先行きを見こしてミカド商会を閉じ、アパート経営に転じたのであるまいか。

そして昭和十六年一月八日、陸軍大臣東条英機が「生きて虜囚の辱《はずかしめ》を受けず」の一文で知られる「戦陣訓」を全軍に示達してからまもなく、忠祟は風邪を引いた。

田中正の談話。

最後（忠崇は）数日風邪気味にて病床にありしが、容態に不審を抱きたりとて、令嬢（ミツ）よりの通知に接し、急ぎ駈け付たりしに間に会《ママ》わず、眠るが如き大往生たりしと。（『林侯家関係資料集』解説）

林忠崇は同年一月二十二日午前十一時死亡、享年九十四であった。

ミツが忠崇の容態をおかしいと感じたのは、かれが仰むけになって寝《やす》んでいたからである。従来、忠崇は武士の心構えとして仰臥することはなく、たとえ刺客がやってきても心臓を貫かれないよう身の左側を下にして就寝するのをつねとした。

ミツは父の寝姿の変化から死の近いことを悟ったわけだが、佐藤善治郎の前掲文によれば、臨終の前に集まった近親者たちから辞世を求められた時、忠崇は笑って答えたという。

「明治元年にやつた。今は無い」

明治元年に忠崇の詠んだ辞世といえば、九月二十一日、仙台で降伏を決意したところに作られたつぎの一首にほかならない。

真心のあるかなきかはほ《（屠）》ふり出す腹の血しを《（ほ）》の色にこそ知れ

昭和十六年まで生きて九十四歳の長寿をまっとうした忠崇は、たしかに最後の大名でもあった。それにしても各地に転戦していた二十一歳の時に詠んだ辞世が、その後七十三年にわたる浮沈ただならぬ年月を経てなおその生涯を象徴する一首であり得たとは。そう考えると、しかし筆者は忠崇を最後の大名と呼ぶことにいささかのためらいを禁じ得ない。

かれを形容するのであれば、やはり徳川家再興のために蹶起したただひとりの脱藩大名の名をもってしたいものである。

あとがき

最後の大名とはだれか、という話題になった時、よく名前のあがる人物はふたりいる。尾張徳川家の第十九代当主徳川義親《よしちか》侯爵（明治十九年〈一八八六〉～昭和五十一年〈一九七六〉）と芸州広島藩第十二代当主だった浅野長勲《ながこと》（のち侯爵、天保十三年〈一八四二〉～昭和十二年〈一九三七〉）。

徳川義親は『最後の殿様』と題する自伝を残したこともあって、いつか最後の大名とみなされたのだろう。しかし、義親が誕生したのは明治になってから。すなわちかれは元大名の家筋の者ではあっても、自分が大名だったことはなかった。

対して浅野長勲は、たしかに芸州広島藩の最後の藩主であった。ただし、その回想がしばしば時代考証関係書物のうちに引かれるためか、「この人は昭和まで生きていた唯一人の大名である」と、勝手にお墨つきを与えてしまう現代作家も存在する。

一体、どうしてこんな誤解が生じてしまうのか。そう思うと私は、日本人のほとんどが昭和十六年まで生きた一文字大名林忠崇という存在を忘れてしまったからだ、と考えざるを得ない。

とはいえ私は、忠崇こそが正真正銘の最後の大名だと主張したいがために本書を執筆したのではない。第七章結尾に記したように、忠崇が「徳川家再興のために蹶起したただひとりの脱藩大名」だったからこそ、だれかがその思考法と行動とを書き留めておくべきだ、と思ったのだ。

幕末維新史の流れ全体と比較した場合、忠崇のなしたところは蟷螂《とうろう》の斧に過ぎなかったかも知れない。

だが、かれらが紀州、尾張、彦根三藩の徳川家への背反行為を非難した論理には、なかなか説得力がある。昭和二十年八月に日本が滅びの淵に立たされた時、天皇家を守るべく立ち上がろうとした藩屏《はんぺい》（皇族、華族）はなかった。それを思えば忠崇と請西藩士たちは、徳川の藩屏としての意地をよく貫いたといえよう。

また、忠崇および遊撃隊のモラルの高さも興味深い。略奪、強姦、リンチといった戦争犯罪といっさい無縁だった佐幕派の部隊もかつて存在したことに、歴史家や戦史研究者たちはもっと注目してもよいのではあるまいか。

忠崇たちの行動半径のひろさも、特筆に値する。江戸の無血開城後、明治新政府軍と対決した諸藩は奥羽越列藩同盟と呼ばれて久しい。しかし上総請西藩もこれに加わっていた以上、この名称は「奥羽越総列藩同盟」という歴史用語に改称すべき余地があろう。

以上、本文を書きおわって感じたところを述べてみたが、本書は遊撃隊に関する私の著作物としては三番目の本になる。伊庭八郎と人見勝太郎のその後の人生を知りたい方には、『遊撃隊始末』（文春文庫）と、『松平容保は朝敵にあらず』（中公文庫）所収「徳川義軍遊撃隊の戊辰戦争」とを併読していただけるとありがたい。なお後者は、平成四年（一九九二）十月三日、「戊辰役東軍殉難者慰霊祭」の一環として、上野寛永寺でおこなった講演をまとめたものである。

最後になったが、いまは鬼籍の人となられた林勲氏、その御子息で私を真武根陣屋跡へ案内して下さった林栄一氏、資料を提供して下さった高崎繁雄氏と林忠昭氏（林忠弘御子孫）、広部周助氏に謝辞を捧げたい。

＊

右は、平成十二年（二〇〇〇）九月に中公新書の一冊として刊行した本書原本に添えた後記である。この時のタイトルは『脱藩大名の戊辰戦争――上総請西《じょうざい》藩主・林忠崇《ただたか》の生涯』といった。烏兎《うと》怱々《そうそう》それから十八年、旧臘《きゅうろう》のうちに同書は品切れ状態となったが、ワックが新装版を再刊して下さるというので、この機会にタイトルも改めることにした。
思えば私が長編歴史小説『遊撃隊始末』(文藝春秋)を上梓したのは平成五年(一九九三)のことだから、同作の主人公とした遊撃隊の三隊長の中から林忠崇を選び、その人生を新書として改めて紹介するまでの間に七年の歳月が流れたことになる。
しかし、林忠崇を調べ直すと、今度は残るふたりの隊長のことが気に掛ってならなくなった。そこで私は、次の史伝二作を書いてみた。
『ある幕臣の戊辰戦争——剣士伊庭八郎の生涯』(中公新書、二〇一四)
『幕末「遊撃隊」隊長　人見勝太郎』(洋泉社、二〇一七)
後者を書きおわったときに私が感じたのは、これで遊撃隊の隊長三人のそれぞれに対して顔が立った、という思いであった。平成三年(一九九一)六月、これを書くと決めて勤務先を中途退社し、遊撃隊への旅を開始した私は、すべてを書ききるのに二十六年間かかってしまったことになる。
ただし、その間にはさまざまな反響があった。講演やテレビ、ラジオへの出演依頼がその主なものだが、諏訪数馬御子孫・諏訪貞夫氏と目下林忠崇のテレビ番組「歴史秘話ヒストリア」を制作中のNHKのスタッフから耳寄りな話をふたつ聞いたので、それを御披露しておきたい。

第二章に示したように、林家の当主がのちの徳川家の血筋の者に兎の吸物を献じる習わしは、永享十一年（一四三九）十二月をもって初例とする。当時の林家当主林光政は信州林郷（松本市）に住んでいたのだが、田の畦《あぜ》を駆けていた兎が光政に狩られた地点は、今日もなお兎田《うさぎだ》という地名なのだそうだ。

また第七章では、晴れて無爵華族となった林忠崇が明治三十二年七月から三十四年七月まで日光東照宮で神職をつとめ、その時代から東照宮の歳旦祭の際、神饌として兎を供える習慣が生まれた、という話を紹介しておいた。

ところが、徳川家康生誕の地として知られる岡崎城址にある龍城《たつき》神社には、今日も初詣の参拝客には兎の吸物をふるまう習慣があるというのだ。

同社は家康を祀っているという点では東照宮のひとつだから、江戸年中行事の筆頭に記すべき献兎賜盃《けんとしはい》の儀式を現代風にアレンジして伝えていても不思議ではない。しかし、この吸物に使う兎は初例を重んじて信州から取り寄せているとは驚きである。

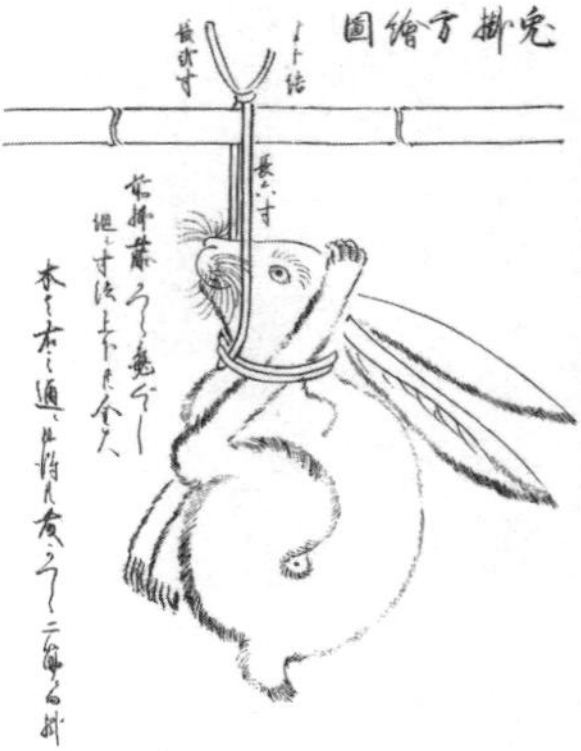

幸い『林侯家関係資料集』には請西藩の「献兎」に関する書類集「兎御献上之儀留《とめ》」から「兎掛方絵図《かけかたえず》」として兎の縛り方を示した図が掲載されているので、最後の図版としてこの絵図を紹介して往事を偲びたい。

また、中公新書の本書原本を刊行してからワック版のゲラが出るまでの間に、私は林栄一氏、林忠昭氏、広部周助氏の訃報に接した。謹んでこれらの方々の御霊に御礼のことばを申し上げたい。

最後の最後になるが、ワックの鈴木隆一社長に本書の再刊を慫慂《しょうよう》して下さったのは『WiLL』の立林昭彦編集長、編集の実務を担当して下さったのは同社出版部の仙頭寿顕氏でした。この御三方にも謝意を表して刊行の辞とします。

令和元年（二〇一九）七月

中村彰彦

主要参考文献

『新訂寛政重修諸家譜』第四（続群書類従完成会、一九六四）
林勲編『林侯家関係資料集』（「林氏系譜」、「兎御献上之儀留」、檜山省吾「慶応戊辰戦争日記」、「戊辰戦没合葬者調」、「西林開発人連名帳」、「林家過去帳」、「請西藩家臣列伝」、「旧請西藩戦病者祭典内規」他、自費出版、一九八八）
『復古記』第一冊、第二冊、第五冊、第八～第十冊（東京大学出版会、一九七四～七五）
林忠崇「一夢林翁戊辰出陣記」（『江戸』第四巻、立体社、一九八〇）
渋沢栄一『徳川慶喜公伝』4（平凡社東洋文庫、一九六八）
中村彰彦『遊撃隊始末』（文春文庫、一九九七）
宮内庁『明治天皇紀』第一、第二、第六～第八（吉川弘文館、一九六八～七三）
『改正三河後風土記』上（秋田書店、一九七六）
大久保彦左衛門忠教『三河物語』（『家康史料集』人物往来社、一九六五）
越人「鵲尾冠」上（『日本俳書大系　篇外』日本俳書大系刊行会、一九二七）
林勲編『おもひ出くさ』（自費出版、刊行年不明）
西山昌栄「遊撃隊の名簿に就て」（『同方会誌』第十巻、立体社復刻、一九七八）
玉置弥五左衛門『遊撃隊起終録　附戊辰戦争参加義士人名録』（市立函館図書館蔵）

『人見寧履歴書』（茨城県農業史編さん会、一九六七）
「伊庭氏世伝」（「伊庭八郎西征日記」所収、『江戸』第四巻）
尺次郎『英学の先達尺振八』（高梨哲四郎の書簡を収録、はまかぜ新聞社、一九九六）
本山荻舟『近世剣客伝』（報知新聞社出版部、一九二五）
『東京市史外篇　講武所』（聚海書林、一九八八）
笹本寅「林遊撃隊長縦横談」（『伝記』二巻二号、一九三五）
宮本栄一郎『上総義軍』上巻（新千葉新聞社、一九五五）
大山柏『戊辰役戦史』上巻（時事通信社、一九六八）
『千葉県君津郡誌』上巻（名著出版、一九七二）
文倉平次郎『幕末軍艦咸臨丸』（名著刊行会、一九七九）
関重麿「戊辰国難記」（『江戸』第四巻）
小島茂男『幕末維新期における関東譜代藩の研究』（明徳出版社、一九七五）
渡辺勝造「出陣日記」、「史談会記事」（『旧幕府』合本五、原書房復刻、一九七一）
寺井克己「岡崎脱藩士戊辰戦争記略」（『旧幕府』合本二、同右）
中村静夫『箱根宿歴史地図』（中村地図研究所、一九八八）
東京日日新聞社会部編『戊辰物語』（岩波文庫、一九八三）
『三百藩家臣人名事典』第三巻（新人物往来社、一九八八）
「真如院世譜」（「上野輪王寺宮執当職大覚王院戊辰日記」所収、『江戸』第六巻、立体社、一九八一）
『戦亡殉難志士人名録』（会津若松市立会津図書館蔵）

佐藤善治郎「維新の小田原戦争」(木更津市立図書館蔵、一九五一)
『函館市史』第二巻(函館市史編さん室、一九九〇)
稲葉博「最後の大名林忠崇」(『かながわ風土記』第九十七号、丸井図書出版、一九八五)
『広部家系譜略』(未翻刻、広部周助氏提供)
『太政官日誌』(『改訂維新日誌』第二巻所収、名著刊行会、一九六六)
六角恒広「広部精と中国語教育」(『早稲田商学』第二百八十四号、一九八〇)
広部精編『林家家格再興始末略』(未翻刻、高崎繁雄氏提供)
浅見雅男『華族たちの近代』(NTT出版、一九九九)
東照宮社務所「日誌」(未翻刻、日光東照宮、高藤晴俊氏提供)
小谷善守「妹尾銀行物語」(『友の会だより』第三、四号、津山洋学資料館、一九八三~八四)

本書は、二〇〇〇年に中央公論新社から刊行された『脱藩大名の戊辰戦争』を改題したものです。

中村彰彦（なかむら・あきひこ）

一九四九年、栃木県生まれ。東北大学文学部卒業。七三年から九一年まで文藝春秋に編集者として勤務。その後、作家としての執筆活動に専念する。九四年に『二つの山河』で直木賞を受賞。主に、歴史小説・時代小説を中心に執筆している。著書に、『落花は枝に還らずとも』（中公文庫）、『幕末維新史の定説を斬る』（講談社文庫）、『疾風に折れぬ花あり』（PHP研究所）、『なぜ会津は希代の雄藩になったか』（PHP新書）、『三島事件　もう一人の主役』（ワック）『智将は敵に学び愚将は身内を妬む』（同）などがある。

脱藩大名《だっぱんだいみょう》・林忠崇《はやしただたか》の戊辰戦争《ぼしんせんそう》
徳川《とくがわ》のために決起《けっき》した男《おとこ》

2019年 8 月 5 日　初版発行

著　者　中村 彰彦

発行者　鈴木 隆一

発行所　ワック株式会社
東京都千代田区五番町 4-5　五番町コスモビル　〒 102-0076
電話　03-5226-7622
http://web-wac.co.jp/

印刷製本　図書印刷株式会社

ISBN978-4-89831-799-0

好評既刊

「日本の歴史」全7巻セット
渡部昇一
B-246
神話の時代から戦後混迷の時代まで。特定の視点と距離から眺める無数の歴史的事実の中に、国民共通の認識となる「虹」のような歴史を描き出す。
ワックBUNKO　本体価格六四四〇円

読む年表 日本の歴史
渡部昇一
B-274
日本の本当の歴史が手に取るようによく分かる！神代から現代に至る重要事項を豊富なカラー図版でコンパクトに解説。この一冊で日本史通になる！
ワックBUNKO　本体価格九二〇円

渡部昇一 青春の読書（新装版）
渡部昇一
追悼・一周忌記念出版！『ＷｉＬＬ』創刊十周年出版として刊行されたものを、新装版（ソフトカバー）で発刊。本と共に歩んだ「知の巨人」の書物偏愛録。
本体価格一七〇〇円

http://web-wac.co.jp/